OEUVRES
CHOISIES
DE P. CORNEILLE.

TOME QUATRIÈME.

A PARIS,
CHEZ LES EDITEURS,
rue des Grands-Augustins, 18.

CHEFS-D'OEUVRE

DE

P. CORNEILLE.

TOME IV.

PARIS, IMPRIMERIE DE POUSSIELGUE,
rue du Croissant-Montmartre, 12.

CHEFS-D'ŒUVRE

DE

P. CORNEILLE.

TOME QUATRIÈME.

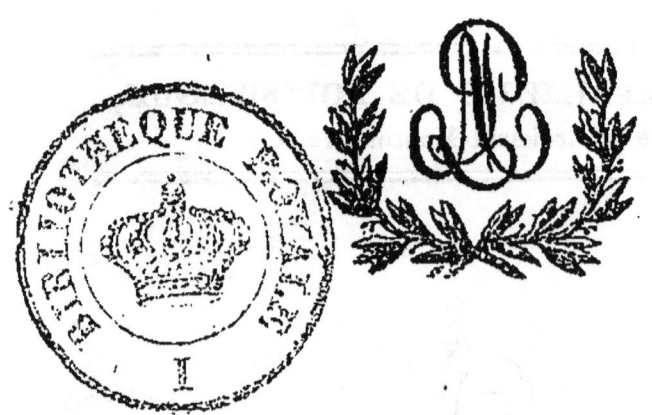

A PARIS,

CHEZ LES ÉDITEURS,

RUE DES GRANDS-AUGUSTINS, 18.

—

1836.

DON SANCHE
D'ARAGON,
COMÉDIE HÉROIQUE.

(1651.)

PERSONNAGES.

Doña Isabelle, reine de Castille.
Doña Léonor, reine d'Aragon.
Doña Elvire, princesse d'Aragon.
Blanche, dame d'honneur de la reine de Castille.
Carlos, chevalier inconnu, qui se trouve être don Sanche, roi d'Aragon.
Don Raymond de Moncade, favori du défunt roi d'Aragon.
Don Lope de Gusman,
Don Manrique de Lare, } grands de Castille.
Don Alvar de Lune,

La scène est à Valladolid.

DON SANCHE
D'ARAGON.

ACTE PREMIER.

SCÈNE I.
DONA LÉONOR, DONA ELVIRE.

DONA LÉONOR.

Après tant de malheurs enfin le ciel propice
S'est résolu, ma fille, à nous faire justice !
Notre Aragon, pour nous presque tout révolté,
Enlève à nos tyrans ce qu'ils nous ont ôté,
Brise les fers honteux de leurs injustes chaînes,
Se remet sous nos lois, et reconnoît ses reines ;
Et par ses députés, qu'aujourd'hui l'on attend,
Rend d'un si long exil le retour éclatant.
Comme nous la Castille attend cette journée
Qui lui doit de sa reine assurer l'hyménée ;
Nous l'allons voir ici faire choix d'un époux.
Que ne puis-je, ma fille, en dire autant de vous !
Nous allons en des lieux sur qui vingt ans d'absence
Nous laissent une foible et douteuse puissance :
Le trouble règne encore où vous devez régner ;
Le peuple vous rappelle et peut vous dédaigner
Si vous ne lui portez, au retour de Castille,
Que l'avis d'une mère et le nom d'une fille.

D'un mari valeureux les ordres et le bras
Sauroient bien mieux que nous assurer vos états,
Et par des actions nobles, grandes et belles
Dissiper les mutins et dompter les rebelles.
Vous ne pouvez manquer d'amans dignes de vous :
On aime votre sceptre, on vous aime ; et sur tous
Du comte don Alvar la vertu non commune
Vous aima dans l'exil et durant l'infortune.
Qui vous aima sans sceptre et se fit votre appui,
Quand vous le recouvrez est bien digne de lui.

DONA ELVIRE.

Ce comte est généreux, et me l'a fait paroître ;
Aussi le ciel pour moi l'a voulu reconnoître,
Puisque les Castillans l'ont mis entre les trois
Dont à leur grande reine ils demandent le choix ;
Et, comme ses rivaux lui cèdent en mérite,
Un espoir à présent plus doux le sollicite :
Il régnera sans nous. Mais, madame, après tout
Savez-vous à quel choix l'Aragon se résout,
Et quels troubles nouveaux j'y puis faire renaître
S'il voit que je lui mène un étranger pour maître ?
Montons, de grâce, au trône ; et de là beaucoup mieux
Sur le choix d'un époux nous baisserons les yeux.

DONA LÉONOR.

Vous les abaissez trop ; une secrète flamme
A déjà malgré moi fait ce choix dans votre ame.
De l'inconnu Carlos l'éclatante valeur
Aux mérites du comte a fermé votre cœur.
Tout est illustre en lui, moi-même je l'avoue ;
Mais son sang, que le ciel n'a formé que de boue,
Et dont il cache exprès la source obstinément...

DONA ELVIRE.

Vous pourriez en juger plus favorablement :
Sa naissance inconnue est peut-être sans tache.

Vous la présumez basse à cause qu'il la cache :
Mais combien a-t-on vu de princes déguisés
Signaler leur vertu sous des noms supposés,
Dompter des nations, gagner des diadèmes
Sans qu'aucun les connût, sans se connoître eux-mêmes.
DONA LÉONOR.
Quoi ! voilà donc enfin de quoi vous vous flattez !
DONA ELVIRE.
J'aime et prise en Carlos ses rares qualités.
Il n'est point d'ame noble à qui tant de vaillance
N'arrache cette estime et cette bienveillance ;
Et l'innocent tribut de ces affections
Que doit toute la terre aux belles actions
N'a rien qui déshonore une jeune princesse.
En cette qualité je l'aime et le caresse ;
En cette qualité ses devoirs assidus
Me rendent les respects à ma naissance dus.
Il fait sa cour chez moi comme un autre peut faire :
Il a trop de vertu pour être téméraire ;
Et si jamais ses vœux s'échappoient jusqu'à moi
Je sais ce que je suis et ce que je me doi.
DONA LÉONOR.
Daigne le juste ciel vous donner le courage
De vous en souvenir, et le mettre en usage !
DONA ELVIRE.
Vos ordres sur mon cœur sauront toujours régner.
DONA LÉONOR.
Cependant ce Carlos vous doit accompagner,
Doit venir jusqu'au lieu de votre obéissance
Vous rendre ces respects dus à votre naissance,
Vous faire comme ici sa cour tout simplement.
DONA ELVIRE.
De ses pareils la guerre est l'unique élément :
Accoutumés d'aller de victoire en victoire,

Ils cherchent en tous lieux les dangers et la gloire.
La prise de Séville et les Maures défaits
Laissent à la Castille une profonde paix :
S'y voyant sans emploi, sa grande ame inquiète
Veut bien de don Garcie achever la défaite,
Et contre les efforts d'un reste de mutins
De toute sa valeur hâter nos bons destins.
DONA LÉONOR.
Mais quand il vous aura dans le trône affermie,
Et jeté sous vos pieds la puissance ennemie,
S'en ira-t-il soudain aux climats étrangers
Chercher tout de nouveau la gloire et les dangers?
DONA ELVIRE.
Madame, la reine entre.

SCÈNE II.

DONA ISABELLE, DONA LÉONOR, DONA ELVIRE, BLANCHE.

DONA LÉONOR.

           Aujourd'hui donc, madame,
Vous allez d'un héros rendre heureuse la flamme,
Et d'un mot satisfaire aux plus ardens souhaits
Que poussent vers le ciel vos fidèles sujets?
DONA ISABELLE.
Dites, dites plutôt qu'aujourd'hui, grandes reines,
Je m'impose à vos yeux la plus dure des gênes,
Et fais dessus moi-même un illustre attentat
Pour me sacrifier au repos de l'état.
Que c'est un sort fâcheux et triste que le nôtre
De ne pouvoir régner que sous les lois d'un autre ;
Et qu'un sceptre soit cru d'un si grand poids pour nous
Que pour le soutenir il nous faille un époux !

A peine ai-je deux mois porté le diadème
Que de tous les côtés j'entends dire qu'on m'aime ;
Si toutefois sans crime et sans m'en indigner
Je puis nommer amour une ardeur de régner.
L'ambition des grands, à cet espoir ouverte,
Semble pour m'acquérir s'apprêter à ma perte ;
Et pour trancher le cours de leurs dissensions
Il faut fermer la porte à leurs prétentions ;
Il m'en faut choisir un ; eux-mêmes m'en convient,
Mon peuple m'en conjure, et mes états m'en prient ;
Et même par mon ordre ils m'en proposent trois,
Dont mon cœur à leur gré peut faire un digne choix.
Don Lope de Gusman, don Manrique de Lare
Et don Alvar de Lune ont un mérite rare :
Mais que me sert ce choix qu'on fait en leur faveur
Si pas un d'eux enfin n'a celui de mon cœur ?

DONA LÉONOR.

On vous les a nommés, mais sans vous les prescrire ;
On vous obéira, quoi qu'il vous plaise élire :
Si le cœur a choisi vous pouvez faire un roi.

DONA ISABELLE.

Madame, je suis reine, et dois régner sur moi.
Le rang que nous tenons, jaloux de notre gloire,
Souvent dans un tel choix nous défend de nous croire,
Jette sur nos désirs un joug impérieux,
Et dédaigne l'avis et du cœur et des yeux.
Qu'on ouvre. Juste ciel ! vois ma peine, et m'inspire
Et ce que je dois faire et ce que je dois dire.

SCÈNE III.

DONA ISABELLE, DONA LÉONOR, DONA ELVIRE, BLANCHE, DON LOPE, DON MANRIQUE, DON ALVAR, CARLOS.

DONA ISABELLE.

Avant que de choisir je demande un serment,
Comtes, qu'on agréera mon choix aveuglément ;
Que les deux méprisés, et tous les trois peut-être,
De ma main, quel qu'il soit, accepteront un maître ;
Car enfin je suis libre à disposer de moi ;
Le choix de mes états ne m'est point une loi :
D'une troupe importune il m'a débarrassée,
Et d'eux tous sur vous trois détourné ma pensée,
Mais sans nécessité de l'arrêter sur vous.
J'aime à savoir par là qu'on vous préfère à tous ;
Vous m'en êtes plus chers et plus considérables ;
J'y vois de vos vertus les preuves honorables ;
J'y vois la haute estime où sont vos grands exploits :
Mais, quoique mon dessein soit d'y borner mon choix,
Le ciel en un moment quelquefois nous éclaire.
Je veux en le faisant pouvoir ne le pas faire,
Et que vous avouiez que pour devenir roi
Quiconque me plaira n'a besoin que de moi.

DON LOPE.

C'est une autorité qui vous demeure entière ;
Votre état avec vous n'agit que par prière ;
Et ne vous a pour nous fait voir ses sentimens
Que par obéissance à vos commandemens.
Ce n'est point ni son choix ni l'éclat de ma race
Qui me font, grande reine, espérer cette grâce :
Je l'attends de vous seule et de votre bonté,
Comme on attend un bien qu'on n'a pas mérité

ACTE I, SCÈNE III.

Et dont, sans regarder service ni famille,
Vous pouvez faire part au moindre de Castille.
C'est à nous d'obéir, et non d'en murmurer.
Mais vous nous permettrez toutefois d'espérer
Que vous ne ferez choir cette faveur insigne,
Ce bonheur d'être à vous que sur le moins indigne,
Et que votre vertu vous fera trop savoir
Qu'il n'est pas bon d'user de tout votre pouvoir.
Voilà mon sentiment.

DONA ISABELLE.

Parlez, vous, don Manrique.

DON MANRIQUE.

Madame, puisqu'il faut qu'à vos yeux je m'explique,
Quoique votre discours nous ait fait des leçons
Capables d'ouvrir l'ame à de justes soupçons,
Je vous dirai pourtant, comme à ma souveraine,
Que pour faire un vrai roi vous le fassiez en reine ;
Que vous laisser borner c'est vous-même affoiblir
La dignité du sang qui le doit ennoblir ;
Et qu'à prendre pour loi le choix qu'on vous propose
Le roi que vous feriez vous devroit peu de chose,
Puisqu'il tiendroit les noms de monarque et d'époux
Du choix de vos états aussi bien que de vous.
Pour moi, qui vous aimai sans sceptre et sans couronne,
Qui n'ai jamais eu d'yeux que pour votre personne,
Que même le feu roi daigna considérer
Jusqu'à souffrir ma flamme et me faire espérer,
J'oserai me promettre un sort assez propice
De cet aveu d'un frère et quatre ans de service ;
Et sur ce doux espoir dussé-je me trahir,
Puisque vous le voulez, je jure d'obéir.

DONA ISABELLE.

C'est comme il faut m'aimer. Et don Alvar de Lune ?

DON ALVAR.

Je ne vous ferai point de harangue importune.
Choisissez hors des trois, tranchez absolument ;
Je jure d'obéir, madame, aveuglément.

DONA ISABELLE.

Sous les profonds respects de cette déférence
Vous nous cachez peut-être un peu d'indifférence,
Et, comme votre cœur n'est pas sans autre amour,
Vous savez des deux parts faire bien votre cour.

DON ALVAR.

Madame...

DONA ISABELLE.

C'est assez. Que chacun prenne place.

(Ici les trois reines prennent chacune un fauteuil ; et après que les trois comtes et le reste des grands qui sont présens se sont assis sur des bancs préparés exprès, Carlos y voyant une place vide s'y veut asseoir, et don Manrique l'en empêche.)

DON MANRIQUE.

Tout beau, tout beau, Carlos ! d'où vous vient cette audace ?
Et quel titre en ce rang a pu vous établir ?

CARLOS.

J'ai vu la place vide, et cru la bien remplir.

DON MANRIQUE.

Un soldat bien remplir une place de comte !

CARLOS.

Seigneur, ce que je suis ne me fait point de honte.
Depuis plus de six ans il ne s'est fait combat
Qui ne m'ait bien acquis ce grand nom de soldat.
J'en avois pour témoin le feu roi votre frère,
Madame ; et par trois fois...

DON MANRIQUE.

Nous vous avons vu faire,
Et savons mieux que vous ce que peut votre bras.

ACTE I, SCÈNE III.

DONA ISABELLE.

Vous en êtes instruits, et je ne le suis pas ;
Laissez-le me l'apprendre. Il importe aux monarques
Qui veulent aux vertus rendre de dignes marques
De les savoir connoître, et ne pas ignorer
Ceux d'entre leurs sujets qu'ils doivent honorer.

DON MANRIQUE.

Je ne me croyois pas être ici pour l'entendre.

DONA ISABELLE.

Comte, encore une fois, laissez-le me l'apprendre ;
Nous aurons temps pour tout. Et vous parlez, Carlos.

CARLOS.

Je dirai qui je suis, madame, en peu de mots.
On m'appelle soldat, je fais gloire de l'être ;
Au feu roi par trois fois je le fis bien paroître.
L'étendard de Castille à ses yeux enlevé
Des mains des ennemis par moi seul fut sauvé :
Cette seule action rétablit la bataille,
Fit rechasser le Maure au pied de sa muraille,
Et, rendant le courage aux plus timides cœurs,
Rappela les vaincus et défit les vainqueurs.
Ce même roi me vit dedans l'Andalousie
Dégager sa personne en prodiguant ma vie,
Quand, tout percé de coups sur un monceau de morts,
Je lui fis si long-temps bouclier de mon corps
Qu'enfin autour de lui ses troupes ralliées
Celles qui l'enfermoient furent sacrifiées ;
Et le même escadron qui vint le secourir
Le ramena vainqueur, et moi prêt à mourir.
Je montai le premier sur les murs de Séville,
Et tins la brèche ouverte aux troupes de Castille.
Je ne vous parle point d'assez d'autres exploits
Qui n'ont pas pour témoins eu les yeux de mes rois.
Tel me voit et m'entend, et me méprise encore,

Qui gémiroit sans moi dans les prisons du Maure.
DON MANRIQUE.
Nous parlez-vous, Carlos, pour don Lope et pour moi?
CARLOS.
Je parle seulement de ce qu'a vu le roi,
Seigneur, et qui voudra parle à sa conscience.
Voilà dont le feu roi me promit récompense;
Mais la mort le surprit comme il la résolvoit.
DONA ISABELLE.
Il se fût acquitté de ce qu'il vous devoit;
Et moi, comme héritant son sceptre et sa couronne,
Je prends sur moi sa dette, et je vous la fais bonne.
Seyez-vous, et quittons ces petits différends.
DON LOPE.
Souffrez qu'auparavant il nomme ses parens.
Nous ne contestons point l'honneur de sa vaillance,
Madame; et s'il en faut notre reconnoissance,
Nous avouerons tous deux qu'en ces combats derniers
L'un et l'autre sans lui nous étions prisonniers :
Mais enfin la valeur sans l'éclat de la race
N'eut jamais aucun droit d'occuper cette place.
CARLOS.
Se pare qui voudra du nom de ses aïeux;
Moi je ne veux porter que moi-même en tous lieux;
Je ne veux rien devoir à ceux qui m'ont fait naître,
Et suis assez connu sans les faire connoître.
Mais, pour en quelque sorte obéir à vos lois,
Seigneur, pour mes parens je nomme mes exploits;
Ma valeur est ma race et mon bras est mon père.
DON LOPE.
Vous le voyez, madame, et la preuve en est claire,
Sans doute il n'est pas noble.
DONA ISABELLE.
Eh bien, je l'anoblis.

Quelle que soit sa race et de qui qu'il soit fils,
Qu'on ne conteste plus.
    DON MANRIQUE.
       Encore un mot, de grâce.
    DONA ISABELLE.
Don Manrique, à la fin c'est prendre trop d'audace.
Ne puis-je l'anoblir si vous n'y consentez ?
    DON MANRIQUE.
Oui, mais ce rang n'est dû qu'aux hautes dignités :
Tout autre qu'un marquis ou comte le profane.
    DONA ISABELLE à Carlos.
Eh bien ! seyez-vous donc, marquis de Santillane,
Comte de Penafiel, gouverneur de Burgos.
Don Manrique, est-ce assez pour faire seoir Carlos ?
Vous reste-t-il encor quelque scrupule en l'ame ?
 (Don Manrique et don Lope se lèvent, et Carlos se sied.)
    DON MANRIQUE.
Achevez, achevez ; faites-le roi, madame :
Par ces marques d'honneur l'élever jusqu'à nous
C'est moins nous l'égaler que l'approcher de vous.
Ce préambule adroit n'étoit pas sans mystère ;
Et ces nouveaux sermens qu'il nous a fallu faire
Montroient bien dans votre ame un tel choix préparé.
Enfin vous le pouvez, et nous l'avons juré.
Je suis prêt d'obéir ; et loin d'y contredire
Je laisse entre ses mains et vous et votre empire.
Je sors avant ce choix, non que j'en sois jaloux,
Mais de peur que mon front n'en rougisse pour vous.
    DONA ISABELLE.
Arrêtez, insolent ; votre reine pardonne
Ce qu'une indigne crainte imprudemment soupçonne
Et pour la démentir veut bien vous assurer
Qu'au choix de ses états elle veut demeurer ;

Que vous tenez encor même rang dans son ame ;
Qu'elle prend vos transports pour un excès de flamme'
Et qu'au lieu d'en punir le zèle injurieux
Sur un crime d'amour elle ferme les yeux.

DON MANRIQUE.

Madame, excusez donc si quelque antipathie...

DONA ISABELLE.

Ne faites point ici de fausse modestie :
J'ai trop vu votre orgueil pour le justifier,
Et sais bien les moyens de vous humilier.
Soit que j'aime Carlos, soit que par simple estime
Je rende à ses vertus un honneur légitime,
Vous devez respecter, quels que soient mes desseins,
Ou le choix de mon cœur ou l'œuvre de mes mains.
Je l'ai fait votre égal ; et, quoiqu'on s'en mutine,
Sachez qu'à plus encor ma faveur le destine.
Je veux qu'aujourd'hui même il puisse plus que moi :
J'en ai fait un marquis ; je veux qu'il fasse un roi.
S'il a tant de valeur que vous-mêmes le dites,
Il sait quelle est la vôtre, et connoît vos mérites ;
Et jugera de vous avec plus de raison
Que moi, qui n'en connois que la race et le nom.
Marquis, prenez ma bague, et la donnez pour marque
Au plus digne des trois que j'en fasse un monarque.
Je vous laisse y penser tout ce reste du jour.
Rivaux ambitieux, faites-lui votre cour :
Qui me rapportera l'anneau que je lui donne
Recevra sur-le-champ ma main et ma couronne.
Allons, reines, allons ; et laissons-les juger
De quel côté l'amour avoit su m'engager.

SCÈNE IV.

DON MANRIQUE, DON LOPE, DON ALVAR, CARLOS.

DON LOPE.

Eh bien ! seigneur marquis, nous direz-vous de grâce
Ce que pour vous gagner il est besoin qu'on fasse ?
Vous êtes notre juge, il faut vous adoucir.

CARLOS.

Vous y pourriez peut-être assez mal réussir :
Quittez ces contretemps de froide raillerie.

DON MANRIQUE.

Il n'en est pas saison quand il faut qu'on vous prie.

CARLOS.

Ne raillons ni prions, et demeurons amis.
Je sais ce que la reine en mes mains a remis ;
J'en userai fort bien : vous n'avez rien à craindre ;
Et pas un de vous trois n'aura lieu de se plaindre.
Je n'entreprendrai point de juger entre vous
Qui mérite le mieux le nom de son époux ;
Je serois téméraire, et m'en sens incapable,
Et peut-être quelqu'un m'en tiendroit récusable.
Je m'en récuse donc, afin de vous donner
Un juge que sans honte on ne peut soupçonner :
Ce sera votre épée, et votre bras lui-même.
Comtes, de cet anneau dépend le diadème ;
Il vaut bien un combat ; vous avez tous du cœur :
Et je le garde...

DON LOPE.

A qui, Carlos ?

CARLOS.

A mon vainqueur.

Qui pourra me l'ôter l'ira rendre à la reine ;
Ce sera du plus digne une preuve certaine.
Prenez entre vous l'ordre et du temps et du lieu ;
Je m'y rendrai sur l'heure, et vais l'attendre. Adieu.

SCÈNE V.

DON MANRIQUE, DON LOPE, DON ALVAR.

DON LOPE.

Vous voyez l'arrogance !

DON ALVAR.

Ainsi les grands courages
Savent en généreux repousser les outrages.

DON MANRIQUE.

Il se méprend pourtant s'il pense qu'aujourd'hui
Nous daignions mesurer notre épée avec lui.

DON ALVAR.

Refuser un combat !

DON LOPE.

Des généraux d'armée,
Jaloux de leur honneur et de leur renommée,
Ne se commettent point contre un aventurier.

DON ALVAR.

Ne mettez point si bas un si vaillant guerrier.
Qu'il soit ce qu'en voudra présumer votre haine,
Il doit être pour nous ce qu'a voulu la reine.

DON LOPE.

La reine qui nous brave, et, sans égard au sang,
Ose souiller ainsi l'éclat de notre rang !

DON ALVAR.

Les rois de leurs faveurs ne sont jamais comptables ;
Ils font comme il leur plaît et défont nos semblables.

DON MANRIQUE.

Envers les majestés vous êtes bien discret.

ACTE I, SCÈNE V.

Voyez-vous cependant qu'elle l'aime en secret?
DON ALVAR.
Dites, si vous voulez, qu'ils sont d'intelligence ;
Qu'elle a de sa valeur si haute confiance
Qu'elle espère par là faire approuver son choix,
Et se rendre avec gloire au vainqueur de tous trois ;
Qu'elle nous hait dans l'ame autant qu'elle l'adore :
C'est à nous d'honorer ce que la reine honore.
DON MANRIQUE.
Vous la respectez fort. Mais y prétendez-vous ?
On dit que l'Aragon a des charmes si doux...
DON ALVAR.
Qu'ils me soient doux ou non, je ne crois pas sans crime
Pouvoir de mon pays désavouer l'estime :
Et puisqu'il m'a jugé digne d'être son roi
Je soutiendrai partout l'état qu'il fait de moi.
Je vais donc disputer, sans que rien me retarde,
Au marquis don Carlos cet anneau qu'il nous garde ;
Et si sur sa valeur je le puis emporter
J'attendrai de vous deux qui voudra me l'ôter :
Le champ vous sera libre.
DON LOPE.
    A la bonne heure, comte,
Nous vous irons alors le disputer sans honte :
Nous ne dédaignons point un si digne rival ;
Mais pour votre marquis qu'il cherche son égal.

ACTE SECOND.

SCÈNE I.
DONA ISABELLE, BLANCHE.

DONA ISABELLE.

Blanche, as-tu rien connu d'égal à ma misère ?
Tu vois tous mes désirs condamnés à se taire,
Mon cœur faire un beau choix sans l'oser accepter,
Et nourrir un beau feu sans l'oser écouter.
Vois par là ce que c'est, Blanche, que d'être reine.
Comptable de moi-même au nom de souveraine,
Et sujette à jamais du trône où je me vois,
Je puis tout pour tout autre, et ne puis rien pour moi.
O sceptres ! s'il est vrai que tout vous soit possible,
Pourquoi ne pouvez-vous rendre un cœur insensible?
Pourquoi permettez-vous qu'il soit d'autres appas,
Ou que l'on ait des yeux pour ne les croire pas ?

BLANCHE.

Je présumois tantôt que vous les alliez croire ;
J'en ai plus d'une fois tremblé pour votre gloire :
Ce qu'à vos trois amans vous avez fait jurer
Au choix de don Carlos sembloit tout préparer ;
Je le nommois pour vous. Mais enfin par l'issue
Ma crainte s'est trouvée heureusement déçue,
L'effort de votre amour a su se modérer ;
Vous l'avez honoré sans vous déshonorer,
Et satisfait ensemble, en trompant mon attente,
La grandeur d'une reine et l'ardeur d'une amante.

DONA ISABELLE.

Dis que pour honorer sa générosité
Mon amour s'est joué de mon autorité,
Et qu'il a fait servir en trompant ton attente
Le pouvoir de la reine au courroux de l'amante.
D'abord, par ce discours qui t'a semblé suspect,
Je voulois seulement essayer leur respect,
Soutenir jusqu'au bout la dignité de reine,
Et, comme enfin ce choix me donnoit de la peine,
Perdre quelques momens, choisir un peu plus tard.
J'allois nommer pourtant et nommer au hasard :
Mais tu sais quel orgueil ont lors montré les comtes,
Combien d'affronts pour lui, combien pour moi de hontes.
Certes il est bien dur à qui se voit régner
De montrer quelque estime, et la voir dédaigner.
Sous ombre de venger sa grandeur méprisée,
L'amour à la faveur trouve une pente aisée.
A l'intérêt du sceptre aussitôt attaché,
Il agit d'autant plus qu'il se croit bien caché,
Et s'ose imaginer qu'il ne fait rien paroître
Que ce change de nom ne fasse méconnoître.
J'ai fait Carlos marquis, et comte, et gouverneur ;
Il doit à ses jaloux tous ces titres d'honneur :
M'en voulant faire avare, ils m'en faisoient prodigue ;
Ce torrent grossissoit rencontrant cette digue,
C'étoit plus les punir que le favoriser.
L'amour me parloit trop, j'ai voulu l'amuser ;
Par ces profusions j'ai cru le satisfaire,
Et l'ayant satisfait l'obliger à se taire.
Mais, hélas ! en mon cœur il avoit tant d'appui
Que je n'ai pu jamais prononcer contre lui,
Et n'ai mis en ses mains ce don du diadème
Qu'afin de l'obliger à s'exclure lui-même.
Ainsi pour apaiser les murmures du cœur
Mon refus a porté les marques de faveur ;

Et, revêtant de gloire un invisible outrage,
De peur d'en faire un roi je l'ai fait davantage :
Outre qu'indifférente aux vœux de tous les trois
J'espérois que l'amour pourroit suivre son choix,
Et que le moindre d'eux de soi-même estimable
Recevroit de sa main la qualité d'aimable.
Voilà, Blanche, où j'en suis ; voilà ce que j'ai fait,
Voilà les vrais motifs dont tu voyois l'effet :
Car mon ame, pour lui quoique ardemment pressée,
Ne sauroit se permettre une indigne pensée ;
Et je mourrois encore avant que m'accorder
Ce qu'en secret mon cœur ose me demander.
Mais enfin je vois bien que je me suis trompée
De m'en être remise à qui porte une épée,
Et trouve occasion, dessous cette couleur,
De venger le mépris qu'on fait de sa valeur.
Je devois par mon choix étouffer cent querelles,
Et l'ordre que j'y tiens en forme de nouvelles,
Et jette entre les grands, amoureux de mon rang,
Une nécessité de répandre du sang.
Mais j'y saurai pourvoir.

BLANCHE.

          C'est un pénible ouvrage
D'arrêter un combat qu'autorise l'usage,
Que les lois ont réglé, que les rois vos aïeux
Daignoient assez souvent honorer de leurs yeux.
On ne s'en dédit point sans quelque ignominie,
Et l'honneur aux grands cœurs est plus cher que la vie.

DONA ISABELLE.

Je sais ce que tu dis, et n'irai pas de front
Faire un commandement qu'ils prendroient pour affron
Lorsque le déshonneur souille l'obéissance
Les rois peuvent douter de leur toute-puissance :
Qui la hasarde alors n'en sait pas bien user ;

Et qui veut pouvoir tout ne doit pas tout oser.
Je romprai ce combat feignant de le permettre ;
Et je le tiens rompu si je puis le remettre.
Les reines d'Aragon pourront même m'aider.
Voici déjà Carlos que je viens de mander.
Demeure, et tu verras avec combien d'adresse
Ma gloire de mon ame est toujours la maîtresse.

SCÈNE II.

DONA ISABELLE, CARLOS, BLANCHE.

DONA ISABELLE.

Vous avez bien servi, marquis, et jusqu'ici
Vos armes ont pour nous dignement réussi :
Je pense avoir aussi bien payé vos services.
Malgré vos envieux et leurs mauvais offices,
J'ai fait beaucoup pour vous ; et tout ce que j'ai fait
Ne vous a pas coûté seulement un souhait.
Si cette récompense est pourtant si petite
Qu'elle ne puisse aller jusqu'à votre mérite,
S'il vous en reste encor quelque autre à souhaiter,
Parlez, et donnez-moi moyen de m'acquitter.

CARLOS.

Après tant de faveurs à pleines mains versées,
Dont mon cœur n'eût osé concevoir les pensées,
Surpris, troublé, confus, accablé de bienfaits,
Que j'osasse former encor quelques souhaits !...

DONA ISABELLE.

Vous êtes donc content ; et j'ai lieu de me plaindre.

CARLOS.

De moi ?

DONA ISABELLE.

De vous, marquis. Je vous parle sans feindre :
Écoutez. Votre bras a bien servi l'état

Tant que vous n'avez eu que le nom de soldat :
Dès que je vous fais grand, sitôt que je vous donne
Le droit de disposer de ma propre personne,
Ce même bras s'apprête à troubler son repos,
Comme si le marquis cessoit d'être Carlos,
Ou que cette grandeur ne fût qu'un avantage
Qui dût à sa ruine armer votre courage.
Les trois comtes en sont les plus fermes soutiens ;
Vous attaquez en eux ses appuis et les miens,
C'est son sang le plus pur que vous voulez répandre :
Et vous pouvez juger l'honneur qu'on leur doit rendre,
Puisque ce même état, me demandant un roi,
Les a jugés eux trois les plus dignes de moi
Peut-être un peu d'orgueil vous a mis dans la tête
Qu'à venger leur mépris ce prétexte est honnête ;
Vous en avez suivi la première chaleur :
Mais leur mépris va-t-il jusqu'à votre valeur ?
N'en ont-ils pas rendu témoignage à ma vue ?
Ils ont fait peu d'état d'une race inconnue,
Ils ont douté d'un sort que vous voulez cacher :
Quand un doute si juste auroit dû vous toucher,
J'avois pris quelque soin de vous venger moi-même.
Remettre entre vos mains le don du diadème,
Ce n'étoit pas, marquis, vous venger à demi.
Je vous ai fait leur juge, et non leur ennemi ;
Et si sous votre choix j'ai voulu les réduire
C'est pour vous faire honneur et non pour les détruire.
C'est votre seul avis, non leur sang que je veux ;
Et c'est m'entendre mal que vous armer contre eux
N'auriez-vous point pensé que, si ce grand courage
Vous pouvoit sur tous trois donner quelque avantage,
On diroit que l'état me cherchant un époux
N'en auroit pu trouver de comparable à vous ?
Ah ! si je vous croyois si vain, si téméraire...

CARLOS.

Madame, arrêtez là votre juste colère :
Je suis assez coupable, et n'ai que trop osé
Sans choisir pour me perdre un crime supposé.
Je ne me défends point des sentimens d'estime
Que vos moindres sujets auroient pour vous sans crime.
Lorsque je vois en vous les célestes accords
Des grâces de l'esprit et des beautés du corps
Je puis, de tant d'attraits l'ame toute ravie,
Sur l'heur de votre époux jeter un œil d'envie ;
Je puis contre le ciel en secret murmurer
De n'être pas né roi pour pouvoir espérer ;
Et, les yeux éblouis de cet éclat suprême,
Baisser soudain la vue et rentrer en moi-même.
Mais que je laisse aller d'ambitieux soupirs,
Un ridicule espoir, de criminels désirs...
Je vous aime, madame, et vous estime en reine ;
Et quand j'aurois des feux dignes de votre haine,
Si votre ame, sensible à ces indignes feux,
Se pouvoit oublier jusqu'à souffrir mes vœux ;
Si par quelque malheur que je ne puis comprendre
Du trône jusqu'à moi je la voyois descendre ;
Commençant aussitôt à vous moins estimer,
Je cesserois sans doute aussi de vous aimer.
L'amour que j'ai pour vous est tout à votre gloire :
Je ne vous prétends point pour fruit de ma victoire.
Je combats vos amans sans dessein d'acquérir
Que l'heur d'en faire voir le plus digne, et mourir,
Et tiendrois mon destin assez digne d'envie
S'il le faisoit connoître aux dépens de ma vie.
Seroit-ce à vos faveurs répondre pleinement
Que hasarder ce choix à mon seul jugement !
Il vous doit un époux, à la Castille un maître ;
Je puis en mal juger, je puis les mal connoître.
Je sais qu'ainsi que moi le démon des combats

Peut donner au moins digne et vous et vos états;
Mais du moins, si le sort des armes journalières
En laisse par ma mort de mauvaises lumières,
Elle m'en ôtera la honte et le regret;
Et même si votre ame en aime un en secret,
Et que ce triste choix rencontre mal le vôtre,
Je ne vous verrai point, entre les bras d'un autre,
Reprocher à Carlos par de muets soupirs
Qu'il est l'unique auteur de tous vos déplaisirs.

DONA ISABELLE.

Ne cherchez point d'excuse à douter de ma flamme,
Marquis; je puis aimer puisque enfin je suis femme:
Mais si j'aime c'est mal me faire votre cour
Qu'exposer au trépas l'objet de mon amour;
Et toute votre ardeur se seroit modérée
A m'avoir dans ce doute assez considérée.
Je le veux éclaircir, et vous mieux éclairer
Afin de vous apprendre à me considérer.
Je ne le cèle point, j'aime, Carlos, oui, j'aime:
Mais l'amour de l'état, plus fort que de moi-même,
Cherche au lieu de l'objet le plus doux à mes yeux
Le plus digne héros de régner en ces lieux;
Et, craignant que mes feux osassent me séduire,
J'ai voulu m'en remettre à vous pour m'en instruire.
Mais je crois qu'il suffit que cet objet d'amour
Perde le trône et moi sans perdre encor le jour;
Et mon cœur qu'on lui vole en souffre assez d'alarmes
Sans que sa mort pour moi me demande des larmes.

CARLOS.

Ah! si le ciel tantôt me daignoit inspirer
En quel heureux amant je vous dois révérer,
Que par une facile et soudaine victoire...

DONA ISABELLE.

Ne pensez qu'à défendre et vous et votre gloire.

ACTE II, SCÈNE II.

Quel qu'il soit, les respects qui l'auroient épargné
Lui donneroient un prix qu'il auroit mal gagné ;
Et céder à mes feux plutôt qu'à son mérite
Ne seroit que me rendre au juge que j'évite.
Je n'abuserai point du pouvoir absolu
Pour défendre un combat entre vous résolu :
Je blesserois par là l'honneur de tous les quatre.
Les lois vous l'ont permis, je vous verrai combattre :
C'est à moi, comme reine, à nommer le vainqueur.
Dites-moi cependant, qui montre plus de cœur ?
Qui des trois le premier éprouve la fortune ?

CARLOS.
Don Alvar.

DONA ISABELLE.
Don Alvar !

CARLOS.
Oui, don Alvar de Lune.

DONA ISABELLE.
On dit qu'il aime ailleurs.

CARLOS.
On le dit ; mais enfin
Lui seul jusqu'ici tente un si noble destin.

DONA ISABELLE.
Je devine à peu près quel intérêt l'engage ;
Et nous verrons demain quel sera son courage.

CARLOS.
Vous ne m'avez donné que ce jour pour ce choix.

DONA ISABELLE.
J'aime mieux au lieu d'un vous en accorder trois.

CARLOS.
Madame, son cartel marque cette journée.

DONA ISABELLE.
C'est peu que son cartel si je ne l'ai donnée :
Qu'on le fasse venir pour la voir différer.

Je vais pour vos combats faire tout préparer :
Adieu. Souvenez-vous surtout de ma défense;
Et vous aurez demain l'honneur de ma présence.

SCÈNE III.

CARLOS.

Consens-tu qu'on diffère, honneur? le consens-tu?
Cet ordre n'a-t-il rien qui souille ma vertu?
N'ai-je point à rougir de cette déférence
Que d'un combat illustre achète la licence?
Tu murmures, ce semble? achève; explique-toi.
La reine a-t-elle droit de te faire la loi?
Tu n'es point son sujet, l'Aragon m'a vu naître.
O ciel! je m'en souviens, et j'ose encor paroître;
Et je puis sous le nom de comte et de marquis
D'un malheureux pêcheur reconnoître le fils!
Honteuse obscurité, qui seule me fais craindre!
Injurieux destin, qui seul me rends à plaindre!
Plus on m'en fait sortir, plus je crains d'y rentrer :
Et crois ne t'avoir fui que pour te rencontrer.
Ton cruel souvenir sans fin me persécute;
Du rang où l'on m'élève il me montre la chute.
Lasse-toi désormais de me faire trembler;
Je parle à mon honneur, ne viens point le troubler,
Laisse-le sans remords m'approcher des couronnes,
Et ne viens point m'ôter plus que tu ne me donnes.
Je n'ai plus rien à toi : la guerre a consumé
Tout cet indigne sang dont tu m'avois formé;
J'ai quitté jusqu'au nom que je tiens de ta haine,
Et ne puis... Mais voici ma véritable reine.

SCÈNE IV.

DONA ELVIRE, CARLOS.

DONA ELVIRE.

Ah ! Carlos ! car j'ai peine à vous nommer marquis,
Non qu'un titre si beau ne vous soit bien acquis,
Non qu'avecque justice il ne vous appartienne,
Mais parcequ'il vous vient d'autre main que la mienne,
Et que je présumois n'appartenir qu'à moi
D'élever votre gloire au rang où je la voi.
Je me consolerois toutefois avec joie
Des faveurs que sans moi le ciel sur vous déploie,
Et verrois sans envie agrandir un héros
Si le marquis tenoit ce qu'a promis Carlos,
S'il avoit comme lui son bras à mon service.
Je venois à la reine en demander justice ;
Mais, puisque je vous vois, vous m'en ferez raison.
Je vous accuse donc, non pas de trahison,
Pour un cœur généreux cette tache est trop noire,
Mais d'un peu seulement de manque de mémoire.

CARLOS.

Moi, madame ?

DONA ELVIRE.

Ecoutez mes plaintes en repos.
Je me plains du marquis, et non pas de Carlos.
Carlos de tout son cœur me tiendroit sa parole ;
Mais ce qu'il m'a donné le marquis me le vole ;
C'est lui seul qui dispose ainsi du bien d'autrui,
Et prodigue son bras quand il n'est plus à lui.
Carlos se souviendroit que sa haute vaillance
Doit ranger don Garcie à mon obéissance ;
Qu'elle doit affermir mon sceptre dans ma main ;
Qu'il doit m'accompagner peut-être dès demain :

Mais ce Carlos n'est plus; le marquis lui succède,
Qu'une autre soif de gloire, un autre objet possède,
Et qui du même bras que m'engageoit sa foi
Entreprendrois combats pour une autre que moi.
Hélas! si ces honneurs dont vous comble la reine
Réduisent mon espoir en une attente vaine,
Si les nouveaux desseins que vous en concevez
Vous ont fait oublier ce que vous me devez,
Rendez-lui ces honneurs qu'un tel oubli profane;
Rendez-lui Penafiel, Burgos et Santillane :
L'Aragon a de quoi vous payer ces refus,
Et vous donner encor quelque chose de plus.

CARLOS.

Et Carlos, et marquis, je suis à vous, madame ;
Le changement de rang ne change point mon ame :
Mais vous trouverez bon que par ces trois défis
Carlos tâche à payer ce que doit le marquis.
Vous réserver mon bras noirci d'une infamie
Attireroit sur vous la fortune ennemie,
Et vous hasarderoit par cette lâcheté
Au juste châtiment qu'il auroit mérité.
Quand deux occasions pressent un grand courage
L'honneur à la plus proche avidement l'engage,
Et lui fait préférer, sans le rendre inconstant,
Celle qui se présente à celle qui l'attend.
Ce n'est pas toutefois, madame, qu'il l'oublie :
Mais bien que je vous doive immoler don Garcie,
J'ai vu que vers la reine on perdoit le respect,
Que d'un indigne amour son cœur étoit suspect;
Pour m'avoir honoré je l'ai vue outragée,
Et ne puis m'acquitter qu'après l'avoir vengée.

DONA ELVIRE.

C'est me faire une excuse où je ne comprends rien,
Sinon que son service est préférable au mien,

Q'avant que de me suivre on doit mourir pour elle,
Et qu'étant son sujet il faut m'être infidèle.

CARLOS.

Ce n'est point en sujet que je cours au combat ;
Peut-être suis-je né dedans quelque autre état :
Mais, par un zèle entier et pour l'une et pour l'autre,
J'embrasse également son service et le vôtre ;
Et les plus grands périls n'ont rien de hasardeux
Que j'ose refuser pour aucune des deux.
Quoique engagé demain à combattre pour elle,
S'il falloit aujourd'hui venger votre querelle,
Tout ce que je lui dois ne m'empêcheroit pas
De m'exposer pour vous à plus de trois combats.
Je voudrois toutes deux pouvoir vous satisfaire,
Vous sans manquer vers elle, elle sans vous déplaire :
Cependant je ne puis servir elle ni vous
Sans de l'une ou de l'autre allumer le courroux.
Je plaindrois un amant qui souffriroit mes peines,
Et tel pour deux beautés que je suis pour deux reines
Se verroit déchiré par un égal amour,
Tel que sont mes respects dans l'une et l'autre cour :
L'ame d'un tel amant, tristement balancée,
Sur d'éternels soucis voit flotter sa pensée ;
Et, ne pouvant résoudre à quels vœux se borner,
N'ose rien acquérir, ni rien abandonner :
Il n'aime qu'avec trouble ; il ne voit qu'avec crainte ;
Tout ce qu'il entreprend donne sujet de plainte ;
Ses hommages partout ont de fausses couleurs,
Et son plus grand service est un grand crime ailleurs.

DONA ELVIRE.

Aussi sont-ce d'amour les premières maximes,
Que partager son ame est le plus grand des crimes.
Un cœur n'est à personne alors qu'il est à deux ;
Aussitôt qu'il les offre il dérobe ses vœux ;

Ce qu'il a de constance, à choisir trop timide,
Le rend vers l'une ou l'autre incessamment perfide ;
Et comme il n'est enfin ni rigueur ni mépris
Qui d'un pareil amour ne soient un digne prix,
Il ne peut mériter d'aucun œil qui le charme,
En servant, un regard ; en mourant, une larme.
CARLOS.
Vous seriez bien sévère envers un tel amant.
DONA ELVIRE.
Allons voir si la reine agiroit autrement,
S'il en devroit attendre un plus léger supplice.
Cependant don Alvar le premier entre en lice ;
Et vous savez l'amour qu'il m'a toujours fait voir.
CARLOS.
Je sais combien sur lui vous avez de pouvoir.
DONA ELVIRE.
Quand vous le combattrez, pensez à ce que j'aime,
Et ménagez son sang comme le vôtre même.
CARLOS.
Quoi ! m'ordonneriez-vous qu'ici j'en fisse un roi ?
DONA ELVIRE.
Je vous dis seulement que vous pensiez à moi.

ACTE TROISIÈME.

SCÈNE I.

DONA ELVIRE, DON ALVAR.

DONA ELVIRE.

Vous pouvez donc m'aimer, et d'une ame bien saine
Entreprendre un combat pour acquérir la reine!
Quel astre agit sur vous avec tant de rigueur
Qu'il force votre bras à trahir votre cœur?
L'honneur, me dites-vous, vers l'amour vous excuse:
Ou cet honneur se trompe, ou cet amour s'abuse;
Et je ne comprends point, dans un si mauvais tour,
Ni quel est cet honneur, ni quel est cet amour.
Tout l'honneur d'un amant c'est d'être amant fidèle.
Si vous m'aimez encor que prétendez-vous d'elle?
Et si vous l'acquérez que voulez-vous de moi?
Aurez-vous droit alors de lui manquer de foi?
La mépriserez-vous quand vous l'aurez acquise?

DON ALVAR.

Qu'étant né son sujet jamais je la méprise!

N A ELVIRE.

Que me voulez-vous donc? Vaincu par don Carlos,
Aurez-vous quelque grâce à troubler mon repos?
En serez-vous plus digne, et par cette victoire
Répandra-t-il sur vous un rayon de sa gloire?

DON ALVAR.

Que j'ose présenter ma défaite à vos yeux!

DONA ELVIRE.
Que me veut donc enfin ce cœur ambitieux?
DON ALVAR.
Que vous preniez pitié de l'état déplorable
Où votre long refus réduit un misérable.
Mes vœux mieux écoutés par un heureux effet
M'auroient su garantir de l'honneur qu'on m'a fait;
Et l'état par son choix ne m'eût pas mis en peine
De manquer à ma gloire ou d'acquérir ma reine.
Votre refus m'expose à cette dure loi
D'entreprendre un combat qui n'est que contre moi:
J'en crains également l'une et l'autre fortune.
Et le moyen aussi que j'en souhaite aucune?
Ni vaincu ni vainqueur je ne puis être à vous:
Vaincu j'en suis indigne, et vainqueur son époux;
Et le destin m'y traite avec tant d'injustice
Que son plus beau succès me tient lieu de supplice.
Aussi, quand mon devoir ose la disputer,
Je ne veux l'acquérir que pour vous mériter,
Que pour montrer qu'en vous j'adorois la personne,
Et me pouvois ailleurs promettre une couronne.
Fasse le juste ciel que j'y puisse, ou mourir
Ou ne la mériter que pour vous acquérir!
DONA ELVIRE.
Ce sont vœux superflus de vouloir un miracle
Où votre gloire oppose un invincible obstacle;
Et la reine pour moi vous saura bien payer
Du temps qu'un peu d'amour vous fit mal employer.
Ma couronne est douteuse, et la sienne affermie;
L'avantage du change en ôte l'infamie:
Allez, n'en perdez pas la digne occasion;
Poursuivez-la sans honte et sans confusion;
La légèreté même où tant d'honneur engage
Est moins légèreté que grandeur de courage.

Mais gardez que Carlos ne me venge de vous.
DON ALVAR.
Ah! laissez-moi, madame, adorer ce courroux.
J'avois cru jusqu'ici mon combat magnanime ;
Mais je suis trop heureux s'il passe pour un crime
Et si, quand de vos lois l'honneur me fait sortir,
Vous m'estimez assez pour vous en ressentir.
De ce crime vers vous quels que soient les supplices,
Du moins il m'a valu plus que tous mes services,
Puisqu'il me fait connoître, alors qu'il vous déplaît,
Que vous daignez en moi prendre quelque intérêt.
DONA ELVIRE.
Le crime, don Alvar, dont je semble irritée
C'est qu'on me persécute après m'avoir quittée;
Et, pour vous dire encor quelque chose de plus,
Je me fâche d'entendre accuser mes refus.
Je suis reine sans sceptre, et n'en ai que le titre ;
Le pouvoir m'en est dû, le temps en est l'arbitre.
Si vous m'avez servie en généreux amant
Quand j'ai reçu du ciel le plus dur traitement,
J'ai tâché d'y répondre avec toute l'estime
Que pouvoit en attendre un cœur si magnanime.
Pouvois-je en cet exil davantage sur moi?
Je ne veux point d'époux que je n'en fasse un roi;
Et je n'ai pas une ame assez basse et commune
Pour en faire un appui de ma triste fortune.
C'est chez moi, don Alvar, dans la pompe et l'éclat,
Que me le doit choisir le bien de mon état.
Il falloit arracher mon septre à mon rebelle,
Le remettre en ma main pour le recevoir d'elle;
Je vous aurois peut-être alors considéré
Plus que ne m'a permis un sort si déploré;
Mais une occasion plus prompte et plus brillante
A surpris cependant votre amour chancelante,

Et soit que vôtre cœur s'y trouvât disposé,
Soit qu'un si long refus l'y laissât exposé,
Je ne vous blâme point de l'avoir acceptée :
De plus constans que vous l'auroient bien écoutée.
Quelle qu'en soit pourtant la cause ou la couleur,
Vous pouviez l'embrasser avec moins de chaleur,
Combattre le dernier, et par quelque apparence
Témoigner que l'honneur vous faisoit violence ;
De cette illusion l'artifice secret
M'eût forcée à vous plaindre, et vous perdre à regret.
Mais courir au devant, et vouloir bien qu'on voie
Que vos vœux mal reçus m'échappent avec joie...

DON ALVAR.

Vous auriez donc voulu que l'honneur d'un tel choix
Eût montré votre amant le plus lâche des trois ?
Que pour lui cette gloire eût eu trop peu d'amorces,
Jusqu'à ce qu'un rival eût épuisé ses forces ;
Que...

DONA ELVIRE.

Vous acheverez au sortir du combat,
Si toutefois Carlos vous en laisse en état.
Voilà vos deux rivaux avec qui je vous laisse ;
Et vous dirai demain pour qui je m'intéresse.

DON ALVAR.

Hélas ! pour le bien voir je n'ai que trop de jour.

SCÈNE II.

DON MANRIQUE, DON LOPE, DON ALVAR.

DON MANRIQUE.

Qui vous traite le mieux, la fortune ou l'amour ?
La reine charme-t-elle auprès de done Elvire ?

DON ALVAR.

Si j'emporte la bague il faudra vous le dire.

DON LOPE.
Carlos vous nuit partout, du moins à ce qu'on croit.
DON ALVAR.
Il fait plus d'un jaloux, du moins à ce qu'on voit.
DON LOPE.
Il devroit par pitié vous céder l'une ou l'autre.
DON ALVAR.
Plaignant mon intérêt, n'oubliez pas le vôtre.
DON MANRIQUE.
De vrai, la presse est grande à qui le fera roi.
DON ALVAR.
Je vous plains fort tous deux s'il vient à bout de moi.
DON MANRIQUE.
Mais si vous le vainquez serons-nous fort à plaindre.
DON ALVAR.
Quand je l'aurai vaincu vous aurez fort à craindre.
DON LOPE.
Oui, de vous voir long-temps hors de combat pour nous.
DON ALVAR.
Nous aurons essuyé les plus dangereux coups.
DON MANRIQUE.
L'heure nous tardera d'en voir l'expérience.
DON ALVAR.
On pourra vous guérir de cette impatience.
DON LOPE.
De grâce, faites donc que ce soit promptement.

SCÈNE III.

DONA ISABELLE, DON MANRIQUE, DON ALVAR, DON LOPE.

DONA ISABELLE.
Laissez-moi, don Alvar, leur parler un moment :

Je n'entreprendrai rien à votre préjudice ;
Et mon dessein ne va qu'à vous faire justice,
Qu'à vous favoriser plus que vous ne voulez.
DON ALVAR.
Je ne sais qu'obéir alors que vous parlez.

SCÈNE IV.

DONA ISABELLE, DON MANRIQUE, DON LOPE.

DONA ISABELLE.

Comtes, je ne veux plus donner lieu qu'on murmure
Que choisir par autrui c'est me faire une injure ;
Et, puisque de ma main le choix sera plus beau,
Je veux choisir moi-même, et reprendre l'anneau.
Je ferai plus pour vous : des trois qu'on me propose
J'en exclus don Alvar ; vous en savez la cause :
Je ne veux point gêner un cœur plein d'autres feux,
Et vous ôte un rival pour le rendre à ses vœux.
Qui n'aime que par force aime qu'on le néglige ;
Et mon refus du moins autant que vous l'oblige.
Vous êtes donc les seuls que je veux regarder :
Mais avant qu'à choisir j'ose me hasarder
Je voudrois voir en vous quelque preuve certaine
Qu'en moi c'est moi qu'on aime, et non l'éclat de reine.
L'amour n'est, ce dit-on, qu'une union d'esprits ;
Et je tiendrois des deux celui-là mieux épris
Qui favoriseroit ce que je favorise,
Et ne mépriseroit que ce que je méprise,
Qui prendroit en m'aimant même cœur, mêmes yeux :
Si vous ne m'entendez je vais m'expliquer mieux.
Aux vertus de Carlos j'ai paru libérale :
Je voudrois en tous deux voir une estime égale ;

Qu'il trouvât même honneur, même justice en vous :
Car ne présumez pas que je prenne un époux
Pour m'exposer moi-même à ce honteux outrage
Qu'un roi fait de ma main détruise mon ouvrage.
N'y pensez l'un ni l'autre, à moins qu'un digne effet
Suive de votre part ce que pour lui j'ai fait,
Et que par cet aveu je demeure assurée
Que tout ce qui m'a plu doit être de durée.

DON MANRIQUE.

Toujours Carlos, madame ! et toujours son bonheur
Fait dépendre de lui le nôtre et votre cœur !
Mais, puisque c'est par là qu'il faut enfin vous plaire,
Vous-même apprenez-nous ce que nous pouvons faire.
Nous l'estimons tous deux un des braves guerriers
A qui jamais la guerre ait donné de lauriers :
Notre liberté même est due à sa vaillance ;
Et, quoiqu'il ait tantôt montré quelque insolence
Dont nous a dû piquer l'honneur de notre rang,
Vous avez suppléé l'obscurité du sang :
Ce qu'il vous plaît qu'il soit, il est digne de l'être.
Nous lui devons beaucoup, et l'allions reconnoître,
L'honorer en soldat, et lui faire du bien ;
Mais après vos faveurs nous ne pouvons plus rien.
Qui pouvoit pour Carlos ne peut rien pour un comte ;
Il n'est rien en nos mains qu'il ne reçût sans honte ;
Et vous avez pris soin de le payer pour nous.

DONA ISABELLE.

Il est entre vos mains des présens assez doux
Qui purgeroient vos noms de toute ingratitude
Et mon ame pour lui de toute inquiétude ;
Il en est dont sans honte il seroit possesseur.
En un mot, vous avez l'un et l'autre une sœur ;
Et je veux que le roi qu'il me plaira de faire
En recevant ma main le fasse son beau-frère ;

Et que par cet hymen son destin affermi
Ne puisse en mon époux trouver son ennemi.
Ce n'est pas après tout que j'en craigne la haine;
Je sais qu'en cet état je serai toujours reine,
Et qu'un tel roi jamais, quel que soit son projet,
Ne sera sous ce nom que mon premier sujet;
Mais je ne me plais pas à contraindre personne,
Et moins que tous un cœur à qui le mien se donne.
Répondez donc tous deux : n'y consentez-vous pas ?

DON MANRIQUE.

Oui, madame, aux plus longs et plus cruels trépas
Plutôt qu'à voir jamais de pareils hyménées
Ternir en un moment l'éclat de mille années.
Ne cherchez point par là cette union d'esprits :
Votre sceptre, madame, est trop cher à ce prix;
Et jamais...

DONA ISABELLE.

Ainsi donc vous me faites connoître
Que ce que je l'ai fait il est digne de l'être,
Que je puis suppléer l'obscurité du sang ?

DON MANRIQUE.

Oui bien pour l'élever jusques à notre rang ?
Jamais un souverain ne doit compte à personne
Des dignités qu'il fait et des grandeurs qu'il donne;
S'il est d'un sort indigne ou l'auteur ou l'appui,
Comme il le fait lui seul, la honte est toute à lui.
Mais disposer d'un sang que j'ai reçu sans tache !
Avant que le souiller il faut qu'on me l'arrache;
J'en dois compte aux aïeux dont il est hérité,
A toute leur famille, à la postérité.

DONA ISABELLE.

Et moi, Manrique, et moi, qui n'en dois aucun compte,
J'en disposerai seule, et j'en aurai la honte.
Mais quelle extravagance a pu vous figurer

ACTE III, SCÈNE IV. 43

Que je me donne à vous pour vous déshonorer,
Que mon sceptre en vos mains porte quelque infamie?
Si je suis jusque là de moi-même ennemie,
En quelle qualité, de sujet ou d'amant,
M'osez-vous expliquer ce noble sentiment?
Ah! si vous n'apprenez à parler d'autre sorte...

DON LOPE.

Madame, pardonnez à l'ardeur qui l'emporte;
Il devoit s'excuser avec plus de douceur.
Nous avons en effet l'un et l'autre une sœur;
Mais, si j'ose en parler avec quelque franchise,
A d'autres qu'au marquis l'une et l'autre est promise.

DONA ISABELLE.

A qui, don Lope?

DON MANRIQUE.

A moi, madame.

DONA ISABELLE.

Et l'autre?

DON LOPE.

A moi.

DONA ISABELLE.

J'ai donc tort parmi vous de vouloir faire un roi.
Allez, heureux amans, allez voir vos maîtresses;
Et, parmi les douceurs de vos dignes caresses,
N'oubliez pas de dire à ces jeunes esprits
Que vous faites du trône un généreux mépris.
Je vous l'ai déjà dit, je ne force personne,
Et rends grâce à l'état des amans qu'il me donne.

DON LOPE.

Ecoutez-nous, de grâce.

DONA ISABELLE.

Et que me direz-vous?
Que la constance est belle au jugement de tous?
Qu'il n'est point de grandeurs qui la doivent séduire?
Quelques autres que vous m'en sauront mieux instruire;

Et si cette vertu ne se doit point forcer,
Peut-être qu'à mon tour je saurai l'exercer.

DON LOPE.

Exercez-la, madame, et souffrez qu'on s'explique.
Vous connoîtrez du moins don Lope et don Manrique
Qu'un vertueux amour qu'ils ont tous deux pour vous
Ne pouvant rendre heureux sans en faire un jaloux
Porte à tarir ainsi la source des querelles
Qu'entre les grands rivaux on voit si naturelles.
Ils se sont l'un à l'autre attachés par ces nœuds
Qui n'auront leur effet que pour le malheureux :
Il me devra sa sœur s'il faut qu'il vous obtienne,
Et si je suis à vous je lui devrai la mienne.
Celui qui doit vous perdre ainsi malgré son sort
A s'approcher de vous fait encor son effort.
Ainsi, pour consoler l'une ou l'autre infortune,
L'une et l'autre est promise, et nous n'en devons qu'un
Nous ignorons laquelle ; et vous la choisirez,
Puisque enfin c'est la sœur du roi que vous ferez.
Jugez donc si Carlos en peut être beau-frère,
Et si vous devez rompre un nœud si salutaire,
Hasarder un repos à votre état si doux,
Qu'affermit sous vos lois la concorde entre nous.

DONA ISABELLE.

Et ne savez-vous point qu'étant ce que vous êtes,
Vos sœurs par conséquent mes premières sujettes,
Les donner sans mon ordre, et même malgré moi,
C'est dans mon propre état m'oser faire la loi ?

DON MANRIQUE.

Agissez donc enfin, madame, en souveraine,
Et souffrez qu'on s'excuse, ou commandez en reine
Nous vous obéirons, mais sans y consentir :
Et pour vous dire tout avant que de sortir,
Carlos est généreux, il connoît sa naissance ;

Qu'il se juge en secret sur cette connoissance,
Et, s'il trouve son sang digne d'un tel honneur,
Qu'il vienne, nous tiendrons l'alliance à bonheur ;
Qu'il choisisse des deux, et l'épouse s'il l'ose.
Nous n'avons plus, madame, à vous dire autre chose.
Mettre en un tel hasard le choix de leur époux
C'est jusqu'où nous pouvons nous abaisser pour vous.
Mais, encore une fois, que Carlos y regarde,
Et pense à quels périls cet hymen le hasarde.

DONA ISABELLE.

Vous-même gardez bien, pour le trop dédaigner,
Que je ne montre enfin comme je sais régner.

SCÈNE V.

DONA ISABELLE.

Quel est ce mouvement qui tous deux les mutine
Lorsque l'obéissance au trône les destine ?
Est-ce orgueil ? est-ce envie ? est-ce animosité,
Défiance, mépris, ou générosité ?
N'est-ce point que le ciel ne consent qu'avec peine
Cette triste union d'un sujet à sa reine,
Et jette un prompt obstacle aux plus aisés desseins
Qui laissent choir mon sceptre en leurs indignes mains ?
Mes yeux n'ont-ils horreur d'une telle bassesse
Que pour s'abaisser trop lorsque je les abaisse ?
Quel destin à ma gloire oppose mon ardeur ?
Quel destin à ma flamme oppose ma grandeur ?
Si ce n'est que par là que je m'en puis défendre,
Ciel, laisse-moi donner ce que je n'ose prendre ;
Et, puisque enfin pour moi tu n'as point fait de rois,
Souffre de mes sujets le moins indigne choix.

SCÈNE VI.

DONA ISABELLE, BLANCHE.

DONA ISABELLE.
Blanche, j'ai perdu temps.
BLANCHE.
                Je l'ai perdu de même.
DONA ISABELLE.
Les comtes à ce prix fuient le diadème.
BLANCHE.
Et Carlos ne veut point de fortune à ce prix.
DONA ISABELLE.
Rend-il haine pour haine, et mépris pour mépris ?
BLANCHE.
Non, madame ; au contraire, il estime ces dames
Dignes des plus grands cœurs et des plus belles flammes.
DONA ISABELLE.
Et qui l'empêche donc d'aimer et de choisir ?
BLANCHE.
Quelque secret obstacle arrête son désir.
Tout le bien qu'il en dit ne passe point l'estime :
Charmantes qu'elles sont, les aimer c'est un crime.
Il ne s'excuse point sur l'inégalité,
Il semble plutôt craindre une infidélité ;
Et ses discours obscurs sous un confus mélange
M'ont fait voir malgré lui comme une horreur du change,
Comme une aversion, qui n'a pour fondement
Que les secrets liens d'un autre attachement.
DONA ISABELLE.
Il aimeroit ailleurs !
BLANCHE.
                Oui, si je ne m'abuse,

ACTE III, SCÈNE VI.

Il aime en lieu plus haut que n'est ce qu'il refuse ;
Et, si je ne craignois votre juste courroux,
J'oserois deviner, madame, que c'est vous.

DONA ISABELLE.

Ah ! ce n'est pas pour moi qu'il est si téméraire ;
Tantôt dans ses respects j'ai trop vu le contraire.
Si l'éclat de mon sceptre avoit pu le charmer
Il ne m'auroit jamais défendu de l'aimer.
S'il aime en lieu si haut, il aime donc Elvire ;
Il doit l'accompagner jusque dans son empire,
Et fait à mes amans ces défis généreux
Non pas pour m'acquérir, mais pour se venger d'eux.
Je l'ai donc agrandi pour le voir disparoître,
Et qu'une reine, ingrate à l'égal de ce traître,
M'enlève, après vingt ans de refuge en ces lieux,
Ce qu'avoit mon état de plus doux à mes yeux !
Non, j'ai pris trop de soins de conserver sa vie.
Qu'il combatte, qu'il meure, et j'en serai ravie.
Je saurai par sa mort à quels vœux m'engager,
Et j'aimerai des trois qui m'en saura venger.

BLANCHE.

Que vous peut offenser sa flamme ou sa retraite,
Puisque vous n'aspirez qu'à vous en voir défaite ?
Je ne sais pas s'il aime ou donc Elvire ou vous,
Mais je ne comprends point ce mouvement jaloux.

DONA ISABELLE.

Tu ne le comprends point ! et c'est ce qui m'étonne ;
Je veux donner son cœur, non que son cœur se donne.
Je veux que son respect l'empêche de m'aimer,
Non des flammes qu'une autre a su mieux allumer.
Je veux bien plus, qu'il m'aime, et qu'un juste silence
Fasse à des feux pareils pareille violence ;
Que l'inégalité lui donne même ennui ;
Qu'il souffre autant pour moi que je souffre pour lui ;

Que par le seul dessein d'affermir sa fortune,
Et non point par amour, il se donne à quelqu'une;
Que par mon ordre seul il s'y laisse obliger;
Que ce soit m'obéir, et non me négliger;
Et que, voyant ma flamme à l'honorer trop prompte,
Il m'ôte de péril sans me faire de honte.
Car enfin il l'a vue, et la connoît trop bien :
Mais il aspire au trône, et ce n'est pas au mien;
Il me préfère une autre, et cette préférence
Forme de son respect la trompeuse apparence :
Faux respect qui me brave, et veut régner sans moi.

BLANCHE.

Pour aimer donc Elvire il n'est pas encor roi.

DONA ISABELLE.

Elle est reine, et peut tout sur l'esprit de sa mère.

BLANCHE.

Si ce n'est un faux bruit, le ciel lui rend un frère.
Don Sanche n'est point mort, et vient ici, dit-on,
Avec les députés qu'on attend d'Aragon.
C'est ce qu'en arrivant leurs gens ont fait entendre.

DONA ISABELLE.

Blanche, s'il est ainsi, que d'heur j'en dois attendre!
L'injustice du ciel, faute d'autres objets,
Me forçoit d'abaisser mes yeux sur mes sujets,
Ne voyant point de prince égal à ma naissance
Qui ne fût sous l'hymen, ou Maure, ou dans l'enfance :
Mais, s'il lui rend un frère, il m'envoie un époux.
Comtes, je n'ai plus d'yeux pour Carlos ni pour vous;
Et, devenant par là reine de ma rivale,
J'aurai droit d'empêcher qu'elle ne se ravale;
Et ne souffrirai pas qu'elle ait plus de bonheur
Que ne m'en ont permis ces tristes lois d'honneur.

BLANCHE.

La belle occasion que votre jalousie,

ACTE III, SCÈNE VI.

Douteuse encor qu'elle est, a promptement saisie!

DONA ISABELLE.

Allons l'examiner, Blanche; et tâchons de voir
Quelle juste espérance on peut en concevoir.

ACTE QUATRIÈME.

SCÈNE I.

DONA LÉONOR, DON MANRIQUE, DON LOPE.

DON MANRIQUE.
Quoique l'espoir d'un trône et l'amour d'une reine
Soient des biens que jamais on ne céda sans peine ;
Quoiqu'à l'un de nous deux elle ait promis sa foi,
Nous cessons de prétendre où nous voyons un roi.
Dans notre ambition nous savons nous connoître ;
Et bénissant le ciel qui nous donne un tel maître,
Ce prince qu'il vous rend après tant de travaux
Trouve en nous des sujets et non pas des rivaux :
Heureux si l'Aragon, joint avec la Castille,
Du sang de deux grands rois ne fait qu'une famille !
Nous vous en conjurons, loin d'en être jaloux,
Comme étant l'un et l'autre à l'état plus qu'à nous ;
Et, tous impatiens d'en voir la force unie
Des Maures nos voisins dompter la tyrannie,
Nous renonçons sans honte à ce choix glorieux,
Qui d'une grande reine abaissoit trop les yeux.

DONA LÉONOR.
La générosité de votre déférence,
Comtes, flatte trop tôt ma nouvelle espérance :
D'un avis si douteux j'attends fort peu de fruit ;
Et ce grand bruit enfin peut-être n'est qu'un bruit.
Mais jugez-en tous deux, et me daignez apprendre
Ce qu'avecque raison mon cœur en doit attendre.
Les troubles d'Aragon vous sont assez connus ;

ACTE IV, SCÈNE I.

Je vous en ai souvent tous deux entretenus,
Et ne vous redis point quelles longues misères
Chassèrent don Fernand du trône de ses pères.
Il y voyoit déjà monter ses ennemis,
Ce prince malheureux, quand j'accouchai d'un fils :
On le nomma don Sanche ; et, pour cacher sa vie
Aux barbares fureurs du traître don Garcie,
A peine eus-je loisir de lui dire un adieu,
Qu'il le fit enlever sans me dire en quel lieu ;
Et je n'en pus jamais savoir que quelques marques
Pour reconnoître un jour le sang de nos monarques.
Trop inutiles soins contre un si mauvais sort !
Lui-même au bout d'un an m'apprit qu'il étoit mort.
Quatre ans après il meurt, et me laisse une fille
Dont je vins par son ordre accoucher en Castille.
Il me souvient toujours de ses derniers propos ;
Il mourut en mes bras avec ces tristes mots :
« Je meurs, et je vous laisse en un sort déplorable ;
Le ciel vous puisse un jour être plus favorable !
Don Raimond a pour vous des secrets importans,
Et vous les apprendra quand il en sera temps.
Fuyez dans la Castille. » A ces mots il expire :
Et jamais don Raimond ne me voulut rien dire.
Je partis sans lumière en ces obscurités ;
Mais le voyant venir avec ces députés,
Et que c'est par leurs gens que ce grand bruit éclate,
(Voyez qu'en sa faveur aisément on se flatte !)
J'ai cru que du secret le temps étoit venu,
Et que don Sanche étoit ce mystère inconnu ;
Qu'il l'amenoit ici reconnoître sa mère.
Hélas ! que c'est en vain que mon amour l'espère !
A ma confusion ce bruit s'est éclairci :
Bien loin de l'amener, ils le cherchent ici.
Voyez quelle apparence, et si cette province
A jamais su le nom de ce malheureux prince ?

DON LOPE.

Si vous croyez au nom vous croirez son trépas,
Et qu'on cherche don Sanche où don Sanche n'est pas.
Mais si vous en voulez croire la voix publique,
Et que notre pensée avec elle s'explique,
Ou le ciel pour jamais a repris ce héros,
Ou cet illustre prince est le vaillant Carlos.
Nous le dirons tous deux, quoique suspects d'envie,
C'est un miracle pur que le cours de sa vie.
Cette haute vertu qui charme tant d'esprits,
Cette fière valeur qui brave nos mépris,
Ce port majestueux qui, tout inconnu même,
A plus d'accès que nous auprès du diadème ;
Deux reines qu'à l'envi nous voyons l'estimer,
Et qui peut-être ont peine à ne le pas aimer,
Ce prompt consentement d'un peuple qui l'adore :
Madame, après cela j'ose le dire encore,
Ou le ciel pour jamais a repris ce héros,
Ou cet illustre prince est le vaillant Carlos,
Nous avons méprisé sa naissance inconnue ;
Mais à ce peu de jour nous recouvrons la vue,
Et verrions à regret qu'il fallût aujourd'hui
Céder notre espérance à tout autre qu'à lui.

DONA LÉONOR.

Il en a le mérite, et non pas la naissance ;
Et lui-même il en donne assez de connoissance,
Abandonnant la reine à choisir parmi vous
Un roi pour la Castille, et pour elle un époux.

DON MANRIQUE.

Et ne voyez-vous pas que sa valeur s'apprête
A faire sur tous trois cette illustre conquête ?
Oubliez-vous déjà qu'il a dit à vos yeux
Qu'il ne veut rien devoir au nom de ses aïeux ?
Son grand cœur se dérobe à ce haut avantage

Pour devoir sa grandeur entière à son courage ;
Dans une cour si belle et si pleine d'appas
Avez-vous remarqué qu'il aime en lieu plus bas?
DONA LÉONOR.
Le voici; nous saurons ce que lui-même en pense.

SCÈNE II.

DONA LÉONOR, CARLOS, DON MANRIQUE,
DON LOPE.

CARLOS.

Madame, sauvez-moi d'un honneur qui m'offense :
Un peuple, opiniâtre à m'arracher mon nom,
Veut que je sois don Sanche et prince d'Aragon.
Puisque par sa présence il faut que ce bruit meure,
Dois-je être en l'attendant le fantôme d'une heure?
Ou si c'est une erreur qui lui promet ce roi,
Souffrez-vous qu'elle abuse et de vous et de moi?
DONA LÉONOR.
Quoi que vous présumiez de la voix populaire,
Par de secrets rayons le ciel souvent l'éclaire ;
Vous apprendrez par là du moins les vœux de tous,
Et quelle opinion les peuples ont de vous.
DON LOPE.
Prince, ne cachez plus ce que le ciel découvre :
Ne fermez pas nos yeux quand sa main nous les ouvre :
Vous devez être las de nous faire faillir.
Nous ignorons quel fruit vous en vouliez cueillir ;
Mais nous avions pour vous une estime assez haute
Pour n'être pas forcés à commettre une faute ;
Et notre honneur, au vôtre en aveugle opposé,
Méritoit par pitié d'être désabusé.
Notre orgueil n'est pas tel qu'il s'attache aux personnes,

Ou qu'il ose oublier ce qu'il doit aux couronnes ;
Et, s'il n'a pas eu d'yeux pour un roi déguisé,
Si l'inconnu Carlos s'en est vu méprisé,
Nous respectons don Sanche, et l'acceptons pour maître
Sitôt qu'à notre reine il se fera connoître ;
Et sans doute son cœur nous en avouera bien.
Hâtez cette union de votre sceptre au sien,
Seigneur ; et, d'un soldat quittant la fausse image,
Recevez comme roi notre premier hommage.

CARLOS.

Comtes, ces faux respects, dont je me vois surpris,
Sont plus injurieux encor que vos mépris.
Je pense avoir rendu mon nom assez illustre
Pour n'avoir pas besoin qu'on lui donne un faux lustre.
Reprenez vos honneurs, où je n'ai point de part.
J'imputois ce faux bruit aux fureurs du hasard,
Et doutois qu'il pût être une ame assez hardie
Pour ériger Carlos en roi de comédie :
Mais, puisque c'est un jeu de votre belle humeur,
Sachez que les vaillans honorent la valeur ;
Et que tous vos pareils auroient quelque scrupule
A faire de la mienne un éclat ridicule.
Si c'est votre dessein d'en réjouir ces lieux,
Quand vous m'aurez vaincu vous me raillerez mieux :
La raillerie est belle après une victoire ;
On la fait avec grâce aussi bien qu'avec gloire.
Mais vous précipitez un peu trop ce dessein :
La bague de la reine est encore en ma main ;
Et l'inconnu Carlos, sans nommer sa famille,
Vous sert encor d'obstacle au trône de Castille.
Ce bras, qui vous sauva de la captivité,
Peut s'opposer encore à votre avidité.

DON MANRIQUE.

Pour n'être que Carlos vous parlez bien en maître,

Et tranchez bien du prince en déniant de l'être.
Si nous avons tantôt jusqu'au bout défendu
L'honneur qu'à notre rang nous voyions être dû,
Nous saurons bien encor jusqu'au bout le défendre :
Mais ce que nous devons nous aimons à le rendre.
Que vous soyez don Sanche ou qu'un autre le soit,
L'un et l'autre de nous lui rendra ce qu'il doit.
Pour le nouveau marquis, quoique l'honneur l'irrite,
Qu'il sache qu'on l'honore autant qu'il le mérite ;
Mais que pour nous combattre il faut que le bon sang
Aide un peu sa valeur à soutenir ce rang.
Qu'il n'y prétende point à moins qu'il se déclare :
Non que nous demandions qu'il soit Gusman ou Lare ;
Qu'il soit noble, il suffit pour nous traiter d'égal ;
Nous le verrons tous deux comme un digne rival :
Et si don Sanche enfin n'est qu'une attente vaine,
Nous lui disputerons cet anneau de la reine.
Qu'il souffre cependant, quoique brave guerrier,
Que notre bras dédaigne un simple aventurier.
Nous vous laissons, madame, éclaircir ce mystère ;
Le sang a des secrets qu'entend mieux une mère :
Et dans les différends qu'avec lui nous avons
Nous craignons d'oublier ce que nous vous devons.

SCÈNE III.

DONA LÉONOR, CARLOS.

CARLOS.

Madame, vous voyez comme l'orgueil me traite ;
Pour me faire un honneur on veut que je l'achète :
Mais s'il faut qu'il m'en coûte un secret de vingt ans
Cet anneau dans mes mains pourra briller long-temps.

DONA LÉONOR.

Laissons là ce combat, et parlons de don Sanche.

Ce bruit est grand pour vous, toute la cour y penche.
De grâce, dites-moi, vous connoissez-vous bien ?

CARLOS.

Plût à Dieu qu'en mon sort je ne connusse rien !
Si j'étois quelque enfant épargné des tempêtes,
Livré dans un désert à la merci des bêtes,
Exposé par la crainte ou par l'inimitié,
Rencontré par hasard et nourri par pitié ;
Mon orgueil à ce bruit prendroit quelque espérance
Sur votre incertitude et sur mon ignorance ;
Je me figurerois ces destins merveilleux
Qui tiroient du néant les héros fabuleux,
Et me revêtirois des brillantes chimères
Qu'osa former pour eux le loisir de nos pères.
Car enfin je suis vain, et mon ambition
Ne peut s'examiner sans indignation ;
Je ne puis regarder sceptre ni diadème
Qu'ils n'emportent mon ame au-delà d'elle-même.
Inutiles élans d'un vol impétueux
Que pousse vers le ciel un cœur présomptueux,
Que soutiennent en l'air quelques exploits de guerre,
Et qu'un coup d'œil sur moi rabat soudain à terre !
Je ne suis point don Sanche, et connois mes parens ;
Ce bruit me donne en vain un nom que je vous rends.
Gardez-le pour ce prince : une heure ou deux peut-être
Avec vos députés vous le feront connoître.
Laissez-moi cependant à cette obscurité
Qui ne fait que justice à ma témérité.

DONA LÉONOR.

En vain donc je me flatte, et ce que j'aime à croire
N'est qu'une illusion que me fait votre gloire ?
Mon cœur vous en dédit ; un secret mouvement
Qui le penche vers vous malgré moi vous dément :
Mais je ne puis juger quelle source l'anime,

Si c'est l'ardeur du sang ou l'effort de l'estime;
Si la nature agit, ou si c'est le désir;
Si c'est vous reconnoître, ou si c'est vous choisir.
Je veux bien toutefois étouffer ce murmure,
Comme de vos vertus une aimable imposture,
Condamner pour vous plaire un bruit qui m'est si doux :
Mais où sera mon fils s'il ne vit point en vous?
On veut qu'il soit ici, je n'en vois aucun signe :
On connoît hormis vous quiconque en seroit digne;
Et le vrai sang des rois, sous le sort abattu,
Peut cacher sa naissance, et non pas sa vertu :
Il porte sur le front un luisant caractère
Qui parle malgré lui de tout ce qu'il veut taire;
Et celui que le ciel sur le vôtre avoit mis
Pouvoit seul m'éblouir si vous l'eussiez permis.
Vous ne l'êtes donc point, puisque vous me le dites;
Mais vous êtes à craindre avec tant de mérites.
Souffrez que j'en demeure à cette obscurité.
Je ne condamne point votre témérité :
Mon estime au contraire est pour vous si puissante
Qu'il ne tiendra qu'à vous que mon cœur y consente :
Votre sang avec moi n'a qu'à se déclarer,
Et je vous donne après liberté d'espérer.
Que si même à ce prix vous cachez votre race,
Ne me refusez point du moins une autre grâce :
Ne vous préparez plus à nous accompagner;
Nous n'avons plus besoin de secours pour régner;
La mort de don Garcie a puni tous ses crimes,
Et rendu l'Aragon à ses rois légitimes.   [vœux,]
N'en cherchez plus la gloire; et, quels que soient vos
Ne me contraignez point à plus que je ne veux.
Le prix de la valeur doit avoir ses limites;
Et je vous crains enfin avec tant de mérites.
C'est assez vous en dire. Adieu : pensez-y bien;
Et faites-vous connoître, ou n'aspirez à rien.

SCÈNE IV.

CARLOS, BLANCHE.

BLANCHE.

Qui ne vous craindra point si les reines vous craignent?

CARLOS.

Elles se font raison lorsqu'elles me dédaignent.

BLANCHE.

Dédaigner un héros qu'on reconnoît pour roi!

CARLOS.

N'aide point à l'envie à se jouer de moi,
Blanche; et, si tu te plais à seconder sa haine,
Du moins respecte en moi l'ouvrage de ta reine.

BLANCHE.

La reine même en vous ne voit plus aujourd'hui
Qu'un prince que le ciel nous montre malgré lui.
Mais c'est trop la tenir dedans l'incertitude;
Ce silence vers elle est une ingratitude :
Ce qu'a fait pour Carlos sa générosité
Méritoit de don Sanche une civilité.

CARLOS.

Ah! nom fatal pour moi, que tu me persécutes,
Et prépares mon ame à d'effroyables chutes!

SCÈNE V.

DONA ISABELLE, CARLOS, BLANCHE.

CARLOS.

Madame, commandez qu'on me laisse en repos,
Qu'on ne confonde plus don Sanche avec Carlos :
C'est faire au nom d'un prince une trop longue injure;
Je ne veux que celui de votre créature;

Et si le sort jaloux, qui semble me flatter,
Veut m'élever plus haut pour m'en précipiter,
Souffrez qu'en m'éloignant je dérobe ma tête
A l'indigne revers que sa fureur m'apprête.
Je le vois de trop loin pour l'attendre en ce lieu :
Souffrez que je l'évite en vous disant adieu.
Souffrez...

DONA ISABELLE.

Quoi ! ce grand cœur redoute une couronne !
Quand on le croit monarque il frémit, il s'étonne !
Il veut fuir cette gloire, et se laisse alarmer
De ce que sa vertu force d'en présumer !

CARLOS.

Ah ! vous ne voyez pas que cette erreur commune
N'est qu'une trahison de ma bonne fortune,
Que déjà mes secrets sont à demi trahis.
Je lui cachois en vain ma race et mon pays ;
En vain sous un faux nom je me faisois connoître,
Pour lui faire oublier ce qu'elle m'a fait naître ;
Elle a déjà trouvé mon pays et mon nom.
Je suis Sanche, madame, et né dans l'Aragon ;
Et je crois déjà voir sa malice funeste
Détruire votre ouvrage en découvrant le reste,
Et faire voir ici par un honteux effet
Quel comte et quel marquis votre faveur a fait.

DONA ISABELLE.

Pourrois-je alors manquer de force et de courage
Pour empêcher le sort d'abattre mon ouvrage ?
Ne me dérobez point ce qu'il ne peut ternir,
Et la main qui l'a fait saura le soutenir.
Mais vous vous en formez une vaine menace
Pour faire un beau prétexte à l'amour qui vous chasse.
Je ne demande plus d'où partoit ce dédain
Quand j'ai voulu vous faire un hymen de ma main.
Allez dans l'Aragon suivre votre princesse,

Mais allez-y du moins sans feindre une foiblesse ;
Et, puisque ce grand cœur s'attache à ses appas,
Montrez en la suivant que vous ne fuyez pas.

CARLOS.

Ah ! madame, plutôt apprenez tous mes crimes :
Ma tête est à vos pieds s'il vous faut des victimes.
Tout chétif que je suis, je dois vous avouer
Qu'en me plaignant du sort j'ai de quoi m'en louer.
S'il m'a fait en naissant quelque désavantage,
Il m'a donné d'un roi le nom et le courage ;
Et depuis que mon cœur est capable d'aimer,
A moins que d'une reine, il n'a pu s'enflammer ;
Voilà mon premier crime : et je ne puis vous dire
Qui m'a fait infidèle, ou vous ou done Elvire ;
Mais je sais que ce cœur, des deux parts engagé,
Se donnant à vous deux, ne s'est point partagé,
Toujours prêt d'embrasser son service et le vôtre,
Toujours prêt à mourir et pour l'une et pour l'autre.
Pour n'en adorer qu'une il eût fallu choisir ;
Et ce choix eût été du moins quelque désir,
Quelque espoir outrageux d'être mieux reçu d'elle ;
Et j'ai cru moins de crime à paroître infidèle.
Qui n'a rien à prétendre en peut bien aimer deux,
Et perdre en plus d'un lieu des soupirs et des vœux ;
Voilà mon second crime : et, quoique ma souffrance
Jamais à ce beau feu n'ait permis d'espérance,
Je ne puis sans mourir d'un désespoir jaloux
Voir dans les bras d'un autre ou done Elvire ou vous,
Voyant que votre choix m'apprêtoit ce martyre,
Je voulois m'y soustraire en suivant done Elvire,
Et languir auprès d'elle, attendant que le sort
Par un semblable hymen m'eût envoyé la mort.
Depuis l'occasion que vous-même avez faite
M'a fait quitter le soin d'une telle retraite.
Ce trouble a quelque temps amusé ma douleur ;

ACTE IV, SCÈNE V.

J'ai cru par ces combats reculer mon malheur.
Le coup de votre perte est devenu moins rude
Lorsque j'en ai vu l'heure en quelque incertitude,
Et que j'ai pu me faire une si douce loi
Que ma mort vous donnât un plus vaillant que moi.
Mais je n'ai plus, madame, aucun combat à faire :
Je vois pour vous don Sanche un époux nécessaire.
Car ce n'est point l'amour qui fait l'hymen des rois ;
Les raisons de l'état règlent toujours leur choix :
Leur sévère grandeur jamais ne se ravale.
Ayant devant les yeux un prince qui l'égale ;
Et, puisque le saint nœud qui le fait votre époux
Arrête comme sœur donc Elvire avec vous,
Que je ne puis la voir sans voir ce qui me tue,
Permettez que j'évite une fatale vue,
Et que je porte ailleurs les criminels soupirs
D'un reste malheureux de tant de déplaisirs.

DONA ISABELLE.

Vous m'en dites assez pour mériter ma haine
Si je laissois agir les sentimens de reine ;
Par un trouble secret je les sens confondus :
Partez, je le consens, et ne les troublez plus.
Mais non : pour fuir don Sanche attendez qu'on le voie.
Ce bruit peut être faux et me rendre ma joie.
Que dis-je ! Allez, marquis ; j'y consens de nouveau :
Mais avant que partir donnez-lui mon anneau ;
Si ce n'est toutefois une faveur trop grande
Que pour tant de faveurs une reine demande.

CARLOS.

Vous voulez que je meure ; et je dois obéir,
Dût cette obéissance à mon sort me trahir :
Je recevrai pour grâce un si juste supplice
S'il en rompt la menace et prévient la malice,

Et souffre que Carlos en donnant cet anneau
Emporte ce faux nom et sa gloire au tombeau.
C'est l'unique bonheur où ce coupable aspire.

DONA ISABELLE.

Que n'êtes-vous don Sanche! Ah! ciel! qu'osé-je dire?
Adieu: ne croyez pas ce soupir indiscret.

CARLOS.

Il m'en a dit assez pour mourir sans regret.

ACTE CINQUIÈME.

SCÈNE I.
DON ALVAR, DONA ELVIRE.

DON ALVAR.
Enfin, après un sort à mes vœux si contraire,
Je dois bénir le ciel qui vous renvoie un frère;
Puisque de notre reine il doit être l'époux,
Cette heureuse union me laisse tout à vous.
Je me vois affranchi d'un honneur tyrannique,
D'un joug que m'imposoit cette faveur publique,
D'un choix qui me forçoit à vouloir être roi;
Je n'ai plus de combat à faire contre moi,
Plus à craindre le prix d'une triste victoire;
Et l'infidélité que vous faisoit ma gloire
Consent que mon amour, de ses lois dégagé,
Vous rende un inconstant qui n'a jamais changé.

DONA ELVIRE.
Vous êtes généreux : mais votre impatience
Sur un bruit incertain prend trop de confiance,
Et cette prompte ardeur de rentrer dans mes fers
Me console trop tôt d'un trône que je perds.
Ma perte n'est encor qu'une rumeur confuse,
Qui du nom de Carlos malgré Cárlos abuse;
Et vous ne savez pas, à vous en bien parler,
Par quelle offre et quels vœux on m'en peut consoler.
Plus que vous ne pensez la couronne m'est chère :
Je perds plus qu'on ne croit si Carlos est mon frère.
Attendez les effets que produiront ces bruits;

Attendez que je sache au vrai ce que je suis,
Si le ciel m'ôte ou laisse enfin le diadème,
S'il vous faut m'obtenir d'un frère ou de moi-même,
Si par l'ordre d'autrui je vous dois écouter,
Ou si j'ai seulement mon cœur à consulter.
DON ALVAR.
Ah ! ce n'est qu'à ce cœur que le mien vous demande,
Madame ; c'est lui seul que je veux qui m'entende ;
Et mon propre bonheur m'accableroit d'ennui
Si je n'étois à vous que par l'ordre d'autrui.
Pourrois-je de ce frère implorer la puissance
Pour ne vous obtenir que par obéissance,
Et par un lâche abus de son autorité
M'élever en tyran sur votre volonté ?
DONA ELVIRE.
Avec peu de raison vous craignez qu'il arrive
Qu'il ait des sentimens que mon ame ne suive :
Le digne sang des rois n'a point d'yeux que leurs yeux,
Et leurs premiers sujets obéissent le mieux.
Mais vous êtes étrange avec vos déférences
Dont les soumissions cherchent des assurances.
Vous ne craignez d'agir contre ce que je veux
Que pour tirer de moi que j'accepte vos vœux,
Et vous obstineriez dans ce respect extrême
Jusques à me forcer à dire : Je vous aime.
Ce mot est un peu rude à prononcer pour nous ;
Souffrez qu'à m'expliquer j'en trouve de plus doux.
Je vous dirai beaucoup sans pourtant vous rien dire.
Je sais depuis quel temps vous aimez doña Elvire,
Je sais ce que je dois, je sais ce que je puis :
Mais encore une fois sachons ce que je suis ;
Et, si vous n'aspirez qu'au bonheur de me plaire,
Tâchez d'approfondir ce dangereux mystère.
Carlos a tant de lieu de vous considérer,
Que s'il devient mon roi vous devez espérer.

####### DON ALVAR.

Madame...

####### DONA ELVIRE.

En ma faveur donnez-vous cette peine,
Et me laissez, de grâce, entretenir la reine.

####### DON ALVAR.

J'obéis avec joie, et ferai mon pouvoir
A vous dire bientôt ce qui s'en peut savoir.

SCÈNE II.

DONA LÉONOR, DONA ELVIRE.

####### DONA LÉONOR.

Don Alvar me fuit-il ?

####### DONA ELVIRE.

Madame, à ma prière
Il va dans tous ces bruits chercher quelque lumière :
J'ai craint en vous voyant un secours pour ses feux,
Et de défendre mal mon cœur contre vous deux.

####### DONA LÉONOR.

Ne pourra-t-il jamais gagner votre courage ?

####### DONA ELVIRE.

Il peut tout obtenir ayant votre suffrage.

####### DONA LÉONOR.

Je lui puis donc enfin promettre votre foi ?

####### DONA ELVIRE.

Oui, si vous lui gagnez celui du nouveau roi.

####### DONA LÉONOR.

Et si ce bruit est faux ? si vous demeurez reine ?

####### DONA ELVIRE.

Que vous puis-je répondre, en étant incertaine ?

####### DONA LÉONOR.

En cette incertitude on peut faire espérer.

DONA ELVIRE.

On peut attendre aussi pour en délibérer :
On agit autrement quand le pouvoir suprême...

SCÈNE III.

DONA ISABELLE, DONA LÉONOR, DONA ELVIRE.

DONA ISABELLE.

J'interromps vos secrets, mais j'y prends part moi-même,
Et j'ai tant d'intérêt de connoître ce fils
Que j'ose demander ce qui s'en est appris.

DONA LÉONOR.

Vous ne m'en voyez point davantage éclaircie.

DONA ISABELLE.

Mais de qui tenez-vous la mort de don Garcie,
Vu que, depuis un mois qu'il vient des députés,
On parloit seulement de peuples révoltés?

DONA LÉONOR.

Je vous puis sur ce point aisément satisfaire;
Leurs gens m'en ont donné la raison assez claire.
On assiégeoit encor, alors qu'ils sont partis,
Dedans leur dernier fort don Garcie et son fils.
On l'a pris tôt après, et soudain par sa prise
Don Raymond prisonnier recouvrant sa franchise,
Les voyant tous deux morts, publie à haute voix
Que nous avions un roi du vrai sang de nos rois,
Que don Sanche vivoit, et part en diligence
Pour rendre à l'Aragon le bien de sa présence.
Il joint nos députés hier sur la fin du jour,
Et leur dit que ce prince étoit en votre cour.
C'est tout ce que j'ai pu tirer d'un domestique :
Outre qu'avec ces gens rarement on s'explique,

Comme ils entendent mal, leur rapport est confus.
Mais bientôt don Raymond vous dira le surplus.
Que nous veut cependant Blanche tout étonnée ?

SCÈNE IV.

DONA ISABELLE, DONA LÉONOR, DONA ELVIRE, BLANCHE.

BLANCHE.

Ah ! madame !

DONA ISABELLE.

Qu'a-tu ?

BLANCHE.

La funeste journée !

Votre Carlos...

DONA ISABELLE.

Eh bien !

BLANCHE.

Son père est en ces lieux,

Et n'est...

DONA ISABELLE.

Quoi ?

BLANCHE.

Qu'un pêcheur.

DONA ISABELLE.

Qui te l'a dit ?

BLANCHE.

Mes yeux.

DONA ISABELLE.

Tes yeux ?

BLANCHE.

Mes propres yeux.

DONA ISABELLE.

Que j'ai peine à les croire !

DONA LÉONOR.

Voudriez-vous, madame, en apprendre l'histoire ?
DONA ELVIRE.

Que le ciel est injuste !
DONA ISABELLE.

Il l'est, et nous fait voir
Par cet injuste effet son absolu pouvoir,
Qui du sang le plus vil tire une ame si belle,
Et forme une vertu qui n'a lustre que d'elle.
Parle, Blanche, et dis-nous comme il voit ce malheur.
BLANCHE.

Avec beaucoup de honte, et plus encor de cœur.
Du haut de l'escalier je le voyois descendre ;
En vain de ce faux bruit il se vouloit défendre ;
Votre cour, obstinée à lui changer de nom,
Murmuroit tout autour : « Don Sanche d'Aragon, »
Quand un chétif vieillard le saisit et l'embrasse.
Lui qui le reconnoît frémit de sa disgrâce ;
Puis, laissant la nature à ses pleins mouvemens,
Répond avec tendresse à ses embrassemens.
Ses pleurs mêlent aux siens une fierté sincère ;
On n'entend que soupirs : « Ah ! mon fils ! ah ! mon père !
O jour trois fois heureux ! moment trop attendu !
Tu m'as rendu la vie ! et vous m'avez perdu ! »
Chose étrange ! à ces cris de douleur et de joie
Un grand peuple accouru ne veut pas qu'on les croie ;
Il s'aveugle soi-même : et ce pauvre pêcheur,
En dépit de Carlos, passe pour imposteur.
Dans les bras de ce fils on lui fait mille hontes :
C'est un fourbe, un méchant suborné par les comtes.
Eux-mêmes (admirez leur générosité)
S'efforcent d'affermir cette incrédulité :
Non qu'ils prennent sur eux de si lâches pratiques ;
Mais ils en font auteur un de leurs domestiques,

ACTE V, SCÈNE V.

Qui pensant bien leur plaire a si mal à propos
Instruit ce malheureux pour affronter Carlos.
Avec avidité cette histoire est reçue;
Chacun la tient trop vraie aussitôt qu'elle est sue,
Et pour plus de croyance à cette trahison
Les comtes font traîner ce bonhomme en prison.
Carlos rend témoignage en vain contre soi-même ;
Les vérités qu'il dit cèdent au stratagème :
Et dans le déshonneur qui l'accable aujourd'hui
Ses plus grands envieux l'en sauvent malgré lui.
Il tempête, il menace, et bouillant de colère
Il crie à pleine voix qu'on lui rende son père :
On tremble devant lui sans croire son courroux;
Et rien... Mais le voici qui vient s'en plaindre à vous.

SCÈNE V.

DONA ISABELLE, DONA LÉONOR, DONA ELVIRE, BLANCHE, CARLOS, DON MANRIQUE, DON LOPE.

CARLOS.

Eh bien ! madame, enfin on connoît ma naissance :
Voilà le digne fruit de mon obéissance.
J'ai prévu ce malheur, et l'aurois évité
Si vos commandemens ne m'eussent arrêté.
Ils m'ont livré, madame, à ce moment funeste ;
Et l'on m'arrache encor le seul bien qui me reste !
On me vole mon père, on le fait criminel !
On attache à son nom un opprobre éternel !
Je suis fils d'un pêcheur, mais non pas d'un infâme ;
La bassesse du sang ne va point jusqu'à l'ame :
Et je renonce aux noms de comte et de marquis
Avec bien plus d'honneur qu'aux sentimens de fils ;
Rien n'en peut effacer le sacré caractère

De grâce, commandez qu'on me rende mon père :
Ce doit leur être assez de savoir qui je suis
Sans m'accabler encor par de nouveaux ennuis.

DON MANRIQUE.

Forcez ce grand courage à conserver sa gloire,
Madame, et l'empêchez lui-même de se croire.
Nous n'avons pu souffrir qu'un bras qui tant de fois
A fait trembler le Maure et triompher nos rois
Reçût de sa naissance une tache éternelle ;
Tant de valeur mérite une source plus belle.
Aidez ainsi que nous ce peuple à s'abuser ;
Il aime son erreur, daignez l'autoriser :
A tant de beaux exploits rendez cette justice,
Et de notre pitié soutenez l'artifice.

CARLOS.

Je suis bien malheureux si je vous fais pitié !
Reprenez votre orgueil et votre inimitié.
Après que ma fortune a soûlé votre envie
Vous plaignez aisément mon entrée à la vie,
Et, me croyant par elle à jamais abattu,
Vous exercez sans peine une haute vertu.
Peut-être elle ne fait qu'une embûche à la mienne :
La gloire de mon nom vaut bien qu'on la retienne ;
Mais son plus bel éclat seroit trop acheté
Si je le retenois par une lâcheté.
Si ma naissance est basse, elle est du moins sans tache ;
Puisque vous la savez, je veux bien qu'on la sache.
Sanche, fils d'un pêcheur et non d'un imposteur,
De deux comtes jadis fut le libérateur :
Sanche, fils d'un pêcheur, mettoit naguère en peine
Deux illustres rivaux sur le choix de leur reine :
Sanche, fils d'un pêcheur, tient encore en sa main
De quoi faire bientôt tout l'heur d'un souverain :
Sanche enfin malgré lui dedans cette province,

Quoique fils d'un pêcheur, a passé pour un prince.
Voilà ce qu'a pu faire et qu'a fait à vos yeux
Un cœur que ravaloit le nom de ses aïeux!
La gloire qui m'en reste après cette disgrâce
Eclate encore assez pour honorer ma race,
Et paroîtra plus grande à qui comprendra bien
Qu'à l'exemple du ciel j'ai fait beaucoup de rien.

DON LOPÉ.

Cette noble fierté désavoue un tel père,
Et par un témoignage à soi-même contraire
Obscurcit de nouveau ce qu'on voit éclairci.
Non, le fils d'un pêcheur ne parle point ainsi ;
Et son ame paroît si dignement formée
Que j'en crois plus que lui l'erreur que j'ai semée.
Je le soutiens, Carlos, vous n'êtes point son fils,
La justice du ciel ne peut l'avoir permis ;
Les tendresses du sang vous font une imposture,
Et je démens pour vous la voix de la nature.
Ne vous repentez point de tant de dignités
Dont il vous plut orner ses rares qualités ;
Jamais plus digne main ne fit plus digne ouvrage,
Madame ; il les relève avec ce grand courage ;
Et vous ne leur pouviez trouver plus haut appui,
Puisque même le sort est au dessous de lui.

DONA ISABELLE.

La générosité qu'en tous les trois j'admire
Me met dans un état de n'avoir que leur dire,
Et, dans la nouveauté de ces événemens,
Par un illustre effort prévient mes sentimens.
Ils paroîtront en vain, comtes, s'ils vous excitent
A lui rendre l'honneur que ses hauts faits méritent,
Et ne dédaigner pas l'illustre et rare objet
D'une haute valeur qui part d'un sang abject.
Vous courez au devant avec tant de franchise

Qu'autant que du pêcheur je m'en trouve surprise.
Et vous que par mon ordre ici j'ai retenu,
Sanche, puisqu'à ce nom vous êtes reconnu,
Miraculeux héros, dont la gloire refuse
L'avantageuse erreur d'un peuple qui s'abuse,
Parmi les déplaisirs que vous en recevez
Puis-je vous consoler d'un sort que vous bravez?
Puis-je vous demander ce que je vous vois faire?
Je vous tiens malheureux d'être né d'un tel père ;
Mais je vous tiens ensemble heureux au dernier point
D'être né d'un tel père et de n'en rougir point,
Et de ce qu'un grand cœur mis dans l'autre balance
Emporte encor si haut une telle naissance.

SCÈNE VI.

DONA ISABELLE, DONA LÉONOR, DONA ELVIRE, CARLOS, DON MANRIQUE, DON LOPE, DON ALVAR, BLANCHE.

DON ALVAR.

Princesses, admirez l'orgueil d'un prisonnier
Qu'en faveur de son fils on veut calomnier.
Ce malheureux pêcheur, par promesse ni crainte,
Ne sauroit se résoudre à souffrir une feinte.
J'ai voulu lui parler, et n'en fais que sortir ;
J'ai tâché, mais en vain, de lui faire sentir
Combien mal-à-propos sa présence importune
D'un fils si généreux renverse la fortune,
Et qu'il le perd d'honneur à moins que d'avouer
Que c'est un lâche tour qu'on le force à jouer ;
J'ai même à ces raisons ajouté la menace :
Rien ne peut l'ébranler, Sanche est toujours sa race ;
Et, quant à ce qu'il perd de fortune et d'honneur,

ACTE V, SCÈNE VI.

Il dit qu'il a de quoi le faire grand seigneur,
Et que plus de cent fois il a su de sa femme
(Voyez qu'il est crédule et simple au fond de l'ame!)
Que, voyant ce présent qu'en mes mains il a mis,
La reine d'Aragon agrandiroit son fils.

(A dona Léonor.)

Si vous le recevez avec autant de joie,
Madame, que par moi ce vieillard vous l'envoie,
Vous donnerez sans doute à cet illustre fils
Un rang encor plus haut que celui de marquis :
Ce bonhomme en paroît l'ame toute comblée.

Don Alvar présente à dona Léonor un petit écrin qui s'ouvre sans clé au moyen d'un ressort secret.

DONA ISABELLE.

Madame, à cet aspect vous paroissez troublée!

DONA LÉONOR.

J'ai bien sujet de l'être en recevant ce don,
Madame, j'en saurai si mon fils vit ou non;
Et c'est où le feu roi, déguisant sa naissance,
D'un sort si précieux mit la reconnoissance.
Disons ce qu'il enferme avant que de l'ouvrir.
Ah! Sanche, si par là je puis le découvrir,
Vous pouvez être sûr d'un entier avantage
Dans les lieux dont le ciel a fait notre partage,
Et qu'après ce trésor que vous m'aurez rendu
Vous recevrez le prix qui vous en sera dû.
Mais à ce doux transport c'est déjà trop permettre ;
Trouvons notre bonheur avant que d'en promettre.
Ce présent donc enferme un tissu de cheveux
Que reçut don Fernand pour arrhes de mes vœux,
Son portrait et le mien, deux pierres les plus rares
Que forme le soleil sous les climats barbares,
Et, pour un témoignage encore plus certain,
Un billet que lui-même écrivit de sa main.

SCÈNE VII.

DONA ISABELLE, DONA LÉONOR, DONA ELVIRE, CARLOS, DON MANRIQUE, DON LOPE, DON ALVAR, BLANCHE, UN GARDE.

LE GARDE.
Madame, don Raymond vous demande audience.
DONA LÉONOR.
Qu'il entre. Pardonnez à mon impatience
Si l'ardeur de le voir et de l'entretenir
Avant votre congé l'ose faire venir.
DONA ISABELLE.
Vous pouvez commander dans toute la Castille,
Et je ne vous vois plus qu'avec des yeux de fille.

SCÈNE VIII.

DONA ISABELLE, DONA LÉONOR, DONA ELVIRE, CARLOS, DON MANRIQUE, DON LOPE, DON ALVAR, BLANCHE, DON RAYMOND.

DONA LÉONOR.
Laissez là, don Raymond, la mort de nos tyrans,
Et rendez seulement don Sanche à ses parens.
Vit-il? peut-il braver nos fières destinées?
DON RAYMOND.
Sortant d'une prison de plus de six années,
Je l'ai cherché, madame, où pour les mieux braver
Par l'ordre du feu roi je le fis élever
Avec tant de secret que même un second père

ACTE V, SCÈNE VIII.

Qui l'estime son fils ignore ce mystère.
Ainsi qu'en votre cour Sanche y fut son vrai nom ;
Et l'on n'en retrancha que cet illustre Don.
Là j'ai su qu'à seize ans son généreux courage
S'indigna des emplois de ce faux parentage ;
Qu'impatient déjà d'être si mal tombé
A sa fausse bassesse il s'étoit dérobé ;
Que déguisant son nom et cachant sa famille
Il avoit fait merveille aux guerres de Castille,
D'où quelque sien voisin, depuis peu de retour,
L'avoit vu plein de gloire et fort bien à la cour ;
Que du bruit de son nom elle étoit toute pleine ;
Qu'il étoit connu même et chéri de la reine ;
Si bien que ce pêcheur, d'aise tout transporté,
Avoit couru chercher ce fils si fort vanté.

DONA LÉONOR.

Don Raymond, si vos yeux pouvoient le reconnoître....

DON RAYMOND.

Oui, je le vois, madame. Ah! seigneur, ah! mon maître!

DON LOPE.

Nous l'avions bien jugé. Grand prince, rendez-vous ;
La vérité paroît, cédez aux vœux de tous.

DONA LÉONOR.

Don Sanche, voulez-vous être seul incrédule ?

CARLOS.

Je crains encor du sort un revers ridicule.
Mais, madame, voyez si le billet du roi
Accorde à don Raymond ce qu'il vous dit de moi.

DONA LÉONOR ouvre l'écrin et en tire un billet qu'elle lit.

« Pour tromper un tyran je vous trompe vousm-ême ;
Vous reverrez ce fils que je vous fais pleurer.
Cette erreur lui peut rendre un jour le diadème,
Et je vous l'ai caché pour le mieux assurer.

« Si ma feinte vers vous passe pour criminelle,

Pardonnez-moi les maux qu'elle vous fait souffrir,
De crainte que les soins de l'amour maternelle
Par leurs empressemens le fissent découvrir.
« Nugne, un pauvre pêcheur, s'en croit être le père;
Sa femme en son absence accouchant d'un fils mort,
Elle reçut le vôtre, et sut si bien se taire
Que le père et le fils en ignorent le sort.
« Elle-même l'ignore, et d'un si grand échange
Elle sait seulement qu'il n'est pas de son sang,
Et croit que ce présent par un miracle étrange
Doit un jour par vos mains lui rendre son vrai rang.
« A ces marques un jour daignez le reconnoître;
Et puisse l'Aragon, retournant sous vos lois,
Apprendre ainsi que vous de moi qui l'ai vu naître
Que Sanche, fils de Nugne, est le sang de ses rois ! »

DON FERNAND D'ARAGON.

Ah ! mon fils, s'il en faut encore davantage,
Croyez-en vos vertus et votre grand courage.

CARLOS à dona Léonor.

Ce seroit mal répondre à ce rare bonheur
Que vouloir me défendre encor d'un tel honneur.

(A dona Isabelle.)

Je reprends toutefois Nugne pour mon vrai père
Si vous ne m'ordonnez, madame, que j'espère.

DONA ISABELLE.

C'est trop peu d'espérer quand tout vous est acquis :
Je vous avois fait tort en vous faisant marquis;
Et vous n'aurez pas lieu désormais de vous plaindre
De ce retardement où j'ai su vous contraindre.
Et pour moi, que le ciel destinoit pour un roi
Digne de la Castille et digne encor de moi,
J'avois mis cette bague en des mains assez bonnes
Pour la rendre à don Sanche et joindre nos couronnes.

ACTE V, SCÈNE VIII.

CARLOS.

Je ne m'étonne plus de l'orgueil de mes vœux,
Qui sans le partager donnoit mon cœur à deux :
Dans les obscurités d'une telle aventure
L'amour se confondoit avecque la nature.

DONA ELVIRE.

Le nôtre y répondoit sans faire honte au rang,
Et le mien vous payoit ce que devoit le sang.

CARLOS à dona Elvire.

Si vous m'aimez encor et m'honorez en frère,
Un époux de ma main pourroit-il vous déplaire?

DONA ELVIRE.

Si don Alvar de Lune est cet illustre époux
Il vaut bien à mes yeux tout ce qui n'est point vous.

CARLOS à dona Elvire.

Il honoroit en moi la vertu toute nue.

(A don Manrique et don Lope.)

Et vous qui dédaigniez ma naissance inconnue,
Comtes, et les premiers en cet événement
Jugiez en ma faveur si véritablement,
Votre dédain fut juste autant que son estime :
C'est la même vertu sous une autre maxime.

DON RAYMOND à dona Isabelle.

Souffrez qu'à l'Aragon il daigne se montrer :
Nos députés, madame, impatiens d'entrer...

DONA ISABELLE.

Il vaut mieux leur donner audience publique,
Afin qu'aux yeux de tous ce miracle s'explique.
Allons; et cependant qu'on mette en liberté
Celui par qui tant d'heur nous vient d'être apporté ;
Et qu'on l'améne ici, plus heureux qu'il ne pense,
Recevoir de ses soins la digne récompense.

FIN DE DON SANCHE D'ARAGON.

SERTORIUS,
TRAGÉDIE.

PERSONNAGES.

SERTORIUS, général du parti de Marius en Espagne.
PERPENNA, lieutenant de Sertorius.
AUFIDE, tribun de l'armée de Sertorius.
POMPÉE, général du parti de Sylla.
ARISTIE, femme de Pompée.
IRIATE, reine de Lusitanie, à présent Portugal.
THAMIRE, dame d'honneur de Viriate.
CELSUS, tribun du parti de Pompée.
ARCAS, affranchi d'Aristius, frère d'Aristie.

La scène est à Nertobrige, ville d'Aragon, conquise par Sertorius, à présent Catalayud.

SERTORIUS.

ACTE PREMIER.

SCÈNE I.
PERPENNA, AUFIDE.

PERPENNA.

D'où me vient ce désordre, Aufide ? et que veut dire
Que mon cœur sur mes vœux garde si peu d'empire ?
L'horreur que malgré moi me fait la trahison
Contre tout mon espoir révolte ma raison ;
Et de cette grandeur sur le crime fondée,
Dont jusqu'à ce moment m'a trop flatté l'idée,
L'image tout affreuse au point d'exécuter
Ne trouve plus en moi de bras à lui prêter.
En vain l'ambition qui presse mon courage
D'un faux brillant d'honneur pare son noir ouvrage ;
En vain pour me soumettre à ses lâches efforts
Mon ame a secoué le joug de cent remords :
Cette ame, d'avec soi tout à coup divisée,
Reprend de ses remords la chaîne mal brisée ;
Et de Sertorius le surprenant bonheur
Arrête une main prête à lui percer le cœur.

AUFIDE.

Quel honteux contretemps de vertu délicate
S'oppose au beau succès de l'espoir qui vous flatte ?
Et depuis quand, seigneur, la soif du premier rang
Craint-elle de répandre un peu de mauvais sang ?
Avez-vous oublié cette grande maxime
Que la guerre civile est le règne du crime ;

Et qu'aux lieux où le crime a plein droit de régner
L'innocence timide est seule à dédaigner?
L'honneur et la vertu sont des noms ridicules :
Marius ni Carbon n'eurent point de scrupules;
Jamais Sylla, jamais.

PERPENNA.

Sylla ni Marius
N'ont jamais épargné le sang de leurs vaincus;
Tour à tour la victoire, autour d'eux en furie,
A poussé leur courroux jusqu'à la barbarie ;
Tour à tour le carnage et les proscriptions
Ont sacrifié Rome à leurs dissensions :
Mais leurs sanglans discords qui nous donnent des maîtres
Ont fait des meurtriers, et n'ont point fait de traîtres ;
Leurs plus vastes fureurs n'ont jamais consenti
Qu'aucun versât le sang de son propre parti;
Et dans l'un ni dans l'autre aucun n'a pris l'audace
D'assassiner son chef pour monter en sa place.

AUFIDE.

Vous y renoncez donc, et n'êtes plus jaloux
De suivre les drapeaux d'un chef moindre que vous?
Ah ! s'il faut obéir, ne faisons plus la guerre;
Prenons le même joug qu'a pris toute la terre.
Pourquoi tant de périls? pourquoi tant de combats?
Si nous voulons servir, Sylla nous tend les bras.
C'est mal vivre en Romains que prendre loi d'un homme;
Mais, tyran pour tyran, il vaut mieux vivre à Rome.

PERPENNA.

Vois mieux ce que tu dis quand tu parles ainsi.
Du moins la liberté respire encore ici :
De notre république à Rome anéantie
On y voit refleurir la plus noble partie ;
Et cet asile ouvert aux illustres proscrits
Réunit du sénat le précieux débris.

Par lui Sertorius gouverne ces provinces,
Leur impose tribut, fait des lois à leurs princes,
Maintient de nos Romains le reste indépendant.
Mais, comme tout parti demande un commandant,
Ce bonheur imprévu qui partout l'accompagne,
Ce nom qu'il s'est acquis chez les peuples d'Espagne...

AUFIDE.

Ah! c'est ce nom acquis avec trop de bonheur
Qui rompt votre fortune, et vous ravit l'honneur :
Vous n'en sauriez douter pour peu qu'il vous souvienne
Du jour que votre armée alla joindre la sienne.
Lors...

PERPENNA.

N'envenime point le cuisant souvenir
Que le commandement devoit m'appartenir.
Je le passois en nombre aussi bien qu'en noblesse ;
Il succomboit sans moi sous sa propre foiblesse :
Mais sitôt qu'il parut je vis en moins de rien
Tout mon camp déserter pour repeupler le sien ;
Je vis par mes soldats mes aigles arrachées
Pour se ranger sous lui voler vers ses tranchées ;
Et pour en colorer l'emportement honteux
Je les suivis de rage, et m'y rangeai comme eux.
L'impérieuse aigreur de l'âpre jalousie
Dont en secret dès lors mon ame fut saisie
Grossit de jour en jour sous une passion
Qui tyrannise encor plus que l'ambition :
J'adore Viriate ; et cette grande reine,
Des Lusitaniens l'illustre souveraine,
Pourroit par son hymen me rendre sur les siens
Ce pouvoir absolu qu'il m'ôte sur les miens.
Mais elle-même, hélas! de ce grand nom charmée,
S'attache au bruit heureux que fait sa renommée
Cependant qu'insensible à ce qu'elle a d'appas
Il me dérobe un cœur qu'il ne demande pas.

De son astre opposé telle est la violence
Qu'il me vole partout même sans qu'il y pense,
Et que toutes les fois qu'il m'enlève mon bien
Son nom fait tout pour lui sans qu'il en sache rien.
Je sais qu'il peut aimer et nous cacher sa flamme :
Mais je veux sur ce point lui découvrir mon ame ;
Et, s'il peut me céder ce trône où je prétends,
J'immolerai ma haine à mes désirs contens ;
Et je n'envierai plus le rang dont il s'empare
S'il m'en assure autant chez ce peuple barbare,
Qui, formé par nos soins, instruit de notre main,
Sous notre discipline est devenu romain.

AUFIDE.

Lorsqu'on fait des projets d'une telle importance
Les intérêts d'amour entrent-ils en balance ?
Et si ces intérêts vous sont enfin si doux,
Viriate, lui mort, n'est-elle pas à vous ?

PERPENNA.

Oui ; mais de cette mort la suite m'embarrasse.
Aurai-je sa fortune aussi bien que sa place ?
Ceux dont il a gagné la croyance et l'appui
Prendront-ils même joie à m'obéir qu'à lui ?
Et, pour venger sa trame indignement coupée,
N'arboreront-ils point l'étendard de Pompée ?

AUFIDE.

C'est trop craindre, et trop tard : c'est dans votre festin
Que ce soir par votre ordre on tranche son destin.
La trêve a dispersé l'armée à la campagne,
Et vous en commandez ce qui nous accompagne.
L'occasion nous rit dans un si grand dessein ;
Mais tel bras n'est à nous que jusques à demain.
Si vous rompez le coup, prévenez les indices ;
Perdez Sertorius ou perdez vos complices.
Craignez ce qu'il faut craindre : il en est parmi nous

Qui pourroient bien avoir mêmes remords que vous ;
Et si vous différez... Mais le tyran arrive.
Tâchez d'en obtenir l'objet qui vous captive ;
Et je prierai les dieux que dans cet entretien
Vous ayez assez d'heur pour n'en obtenir rien.

SCÈNE II.

SERTORIUS, PERPENNA.

SERTORIUS.

Apprenez un dessein qui vient de me surprendre.
Dans deux heures Pompée en ce lieu se doit rendre.
Il veut sur nos débats conférer avec moi,
Et pour toute assurance il ne prend que ma foi.

PERPENNA.

La parole suffit entre les grands courages.
D'un homme tel que vous la foi vaut cent otages ;
Je n'en suis point surpris : mais ce qui me surprend
C'est de voir que Pompée ait pris le nom de Grand
Pour faire encore au vôtre entière déférence,
Sans vouloir de lieu neutre à cette conférence.
C'est avoir beaucoup fait que d'avoir jusque-là
Fait descendre l'orgueil des héros de Sylla.

SERTORIUS.

S'il est plus fort que nous, ce n'est plus en Espagne,
Où nous forçons les siens de quitter la campagne,
Et de se retrancher dans l'empire douteux
Que lui souffre à regret une province ou deux,
Qu'à la fortune lasse il craint que je n'enlève
Sitôt que le printemps aura fini la trêve.
C'est l'heureuse union de vos drapeaux aux miens
Qui fait ces beaux succès qu'à toute heure j'obtiens :
C'est à vous que je dois ce que j'ai de puissance ;
Attendez tout aussi de ma reconnoissance.

Je reviens à Pompée, et pense deviner
Quels motifs jusqu'ici peuvent nous l'amener.
Comme il trouve avec nous peu de gloire à prétendre,
Et qu'au lieu d'attaquer il a peine à défendre,
Il voudroit qu'un accord, avantageux ou non,
L'affranchît d'un emploi qui ternit ce grand nom ;
Et, chatouillé d'ailleurs par l'espoir qui le flatte
De faire avec plus d'heur la guerre à Mithridate,
Il brûle d'être à Rome, afin d'en recevoir
Du maître qu'il s'y donne et l'ordre et le pouvoir.

PERPENNA.

J'aurois cru qu'Aristie ici réfugiée,
Que forcé par ce maître il a répudiée,
Par un reste d'amour l'attirât en ces lieux
Sous une autre couleur lui faire ses adieux ;
Car de son cher tyran l'injustice fut telle
Qu'il ne lui permit pas de prendre congé d'elle.

SERTORIUS.

Cela peut être encore ; ils s'aimoient chèrement :
Mais il pourroit ici trouver du changement.
L'affront pique à tel point le grand cœur d'Aristie
Que, sa première flamme en haine convertie,
Elle cherche bien moins un asile chez nous
Que la gloire d'y prendre un plus illustre époux.
C'est ainsi qu'elle parle, et m'offre l'assistance
De ce que Rome encore a de gens d'importance,
Dont les uns ses parens, les autres ses amis,
Si je veux l'épouser, ont pour moi tout promis.
Leurs lettres en font foi, qu'elle me vient de rendre ;
Voyez avec loisir ce que j'en dois attendre ;
Je veux bien m'en remettre à votre sentiment.

PERPENNA.

Pourriez-vous bien, seigneur, balancer un moment,
A moins d'une secrète et forte antipathie

ACTE I, SCÈNE II.

Qui vous montre un supplice en l'hymen d'Aristie?
Voyant ce que pour dot Rome lui veut donner,
Vous n'avez aucun lieu de rien examiner.

SERTORIUS.

Il faut donc, Perpenna, vous faire confidence
Et de ce que je crains et de ce que je pense.
J'aime ailleurs. A mon âge il sied si mal d'aimer
Que je le cache même à qui m'a su charmer :
Mais tel que je puis être on m'aime, ou pour mieux dire
La reine Viriate à mon hymen aspire ;
Elle veut que ce choix de son ambition
De son peuple avec nous commence l'union.
Et qu'ensuite à l'envi mille autres hyménées
De nos deux nations l'une à l'autre enchaînées
Mêlent si bien le sang et l'intérêt commun
Qu'ils réduisent bientôt les deux peuples en un.
C'est ce qu'elle prétend pour digne récompense
De nous avoir servis avec cette constance
Qui n'épargne ni bien ni sang de ses sujets
Pour affermir ici nos généreux projets :
Non qu'elle me l'ait dit, ou quelque autre pour elle ;
Mais j'en vois chaque jour quelque marque fidèle ;
Et comme ce dessein n'est plus pour moi douteux
Je ne puis l'ignorer qu'autant que je le veux.
Je crains donc de l'aigrir si j'épouse Aristie,
Et que de ses sujets la meilleure partie,
Pour venger ce mépris et servir son courroux,
Ne tourne obstinément ses armes contre nous.
Auprès d'un tel malheur, pour nous irréparable,
Ce qu'on promet pour l'autre est peu considérable ;
Et, sous un faux espoir de nous mieux établir,
Ce renfort accepté pourroit nous affoiblir.
Voilà ce qui retient mon esprit en balance.
Je n'ai pour Aristie aucune répugnance ;
Et la reine à tel point n'asservit pas mon cœur

Qu'il ne fasse encor tout pour le commun bonheur.

PERPENNA.

Cette crainte, seigneur, dont votre ame est gênée
Ne doit pas d'un moment retarder l'hyménée.
Viriate, il est vrai, pourra s'en émouvoir ;
Mais que sert la colère où manque le pouvoir ?
Malgré sa jalousie et ses vaines menaces,
N'êtes-vous pas toujours le maître de ses places ?
Les siens, dont vous craignez le vif ressentiment,
Ont-ils dans votre armée aucun commandement ?
Des plus nobles d'entre eux et des plus grand courages
N'avez-vous pas les fils dans Osca pour otages ?
Tous leurs chefs sont Romains ; et leurs propres soldats,
Dispersés dans nos rangs, ont fait tant de combats
Que la vieille amitié qui les attache aux nôtres
Leur fait aimer nos lois et n'en vouloir point d'autres.
Pourquoi donc tant les craindre? et pourquoi refuser...

SERTORIUS.

Vous-même, Perpenna, pourquoi tant déguiser ?
Je vois ce qu'on m'a dit ; vous aimez Viriate,
Et votre amour caché dans vos raisons éclate.
Mais les raisonnemens sont ici superflus :
Dites que vous l'aimez, et je ne l'aime plus.
Parlez : je vous dois tant que ma reconnoissance
Ne peut être sans honte un moment en balance.

PERPENNA.

L'aveu que vous voulez à mon cœur est si doux
Que j'ose...

SERTORIUS.

C'est assez : je parlerai pour vous.

PERPENNA.

Ah! seigneur, c'en est trop ; et....

SERTORIUS.

Point de répartie :

Tous mes vœux sont déjà du côté d'Aristie ;
Et je l'épouserai pourvu qu'en même jour
La reine se résolve à payer votre amour :
Car, quoi que vous disiez, je dois craindre sa haine,
Et fuirois à ce prix cette illustre Romaine.
La voici : laissez-moi ménager son esprit ;
Et voyez cependant de quel air on m'écrit.

SCÈNE III.

SERTORIUS, ARISTIE.

ARISTIE.

Ne vous offensez pas si dans mon infortune
Ma foiblesse me force à vous être importune ;
Non pas pour mon hymen, les suites d'un tel choix
Méritent qu'on y pense un peu plus d'une fois ;
Mais vous pouvez, seigneur, joindre à mes espérances
Contre un péril nouveau nouvelles assurances.
J'apprends qu'un infidèle, autrefois mon époux,
Vient jusque dans ces murs conférer avec vous.
L'ordre de son tyran et sa flamme inquiète
Me pourront envier l'honneur de ma retraite :
L'un en prévoit la suite, et l'autre en craint l'éclat ;
Et tous les deux contre elle ont leur raison d'état.
Je vous demande donc sûreté tout entière
Contre la violence et contre la prière
Si par l'une ou par l'autre il veut se ressaisir
De ce qu'il ne peut voir ailleurs sans déplaisir.

SERTORIUS.

Il en a lieu, madame ; un si rare mérite
Semble croître de prix quand par force on le quitte :
Mais vous avez ici sûreté contre tous
Pourvu que vous puissiez en trouver contre vous,
Et que contre un ingrat dont l'amour fut si tendre,

Lorsqu'il vous parlera, vous sachiez vous défendre.
On a peine à haïr ce qu'on a bien aimé,
Et le feu mal éteint est bientôt rallumé.
                    ARISTIE.
L'ingrat par son divorce en faveur d'Emilie
M'a livrée au mépris de toute l'Italie.
Vous savez à quel point mon courage est blessé :
Mais s'il se dédisoit d'un outrage forcé,
S'il chassoit Emilie et me rendoit ma place,
J'aurois peine, seigneur, à lui refuser grâce ;
Et tant que je serai maîtresse de ma foi
Je me dois toute à lui s'il revient tout à moi.
                    SERTORIUS.
En vain donc je me flatte ; en vain j'ose, madame,
Promettre à mon espoir quelque part en votre âme ;
Pompée en est encor l'unique souverain :
Tous vos ressentimens n'offrent que votre main ;
Et quand par ses refus j'aurai droit d'y prétendre
Le cœur toujours à lui ne voudra pas se rendre.
                    ARISTIE.
Qu'importe de mon cœur si je sais mon devoir,
Et si mon hyménée enfle votre pouvoir ?
Vous ravaleriez-vous jusques à la bassesse
D'exiger de ce cœur des marques de tendresse,
Et de les préférer à ce qu'il fait d'effort
Pour braver mon tyran et relever mon sort ?
Laissons, seigneur, laissons pour les petites ames
Ce commerce rampant de soupirs et de flammes ;
Et ne nous unissons que pour mieux soutenir
La liberté que Rome est prête à voir finir.
Unissons ma vengeance à votre politique,
Pour sauver des abois toute la république :
L'hymen seul peut unir des intérêts si grands.
Je sais que c'est beaucoup que ce que je prétends :

Mais, dans ce dur exil que mon tyran m'impose,
Le rebut de Pompée est encor quelque chose;
Et j'ai des sentimens trop nobles ou trop vains
Pour le porter ailleurs qu'au plus grand des Romains.

SERTORIUS.

Ce nom ne m'est pas dû; je suis...

ARISTIE.

Ce que vous faites
Montre à tout l'univers, seigneur, ce que vous êtes;
Mais quand ce même nom sembleroit trop pour vous,
Du moins mon infidèle est d'un rang au dessous :
Il sert dans son parti, vous commandez au vôtre;
Vous êtes chef de l'un et lui sujet dans l'autre;
Et son divorce enfin, qui m'arrache sa foi,
L'y laisse par Sylla plus opprimé que moi
Si votre hymen m'élève à la grandeur sublime,
Tandis qu'en l'esclavage un autre hymen l'abîme.
Mais, seigneur, je m'emporte, et l'excès d'un tel heur
Me fait vous en parler avec trop de chaleur.
Tout mon bien est encor dedans l'incertitude :
Je n'en conçois l'espoir qu'avec inquiétude,
Et je craindrai toujours d'avoir trop prétendu
Tant que de cet espoir vous m'ayez répondu.
Vous me pouvez d'un mot assurer ou confondre.

SERTORIUS.

Mais, madame, après tout que puis-je vous répondre?
De quoi vous assurer si vous-même parlez
Sans être sûre encor de ce que vous voulez?
De votre illustre hymen je sais les avantages;
J'adore les grands noms que j'en ai pour otages,
Et vois que leur secours, nous rehaussant le bras,
Auroit bientôt jeté la tyrannie à bas :
Mais cette attente aussi pourroit se voir trompée
Dans l'offre d'une main qui se garde à Pompée,

Et qui n'étale ici la grandeur d'un tel bien
Que pour me tout promettre et ne me donner rien.

ARISTIE.

Si vous vouliez ma main par choix de ma personne
Je vous dirois: Seigneur, prenez, je vous la donne;
Quoi que veuille Pompée, il le voudra trop tard.
Mais, comme en cet hymen l'amour n'a point de part,
Qu'il n'est qu'un pur effet de noble politique,
Souffrez que je vous die, afin que je m'explique,
Que quand j'aurois pour dot un million de bras
Je vous donne encor plus en ne l'achevant pas.
Si je réduis Pompée à chasser Emilie,
Peut-il, Sylla régnant, regarder l'Italie ?
Ira-t-il se livrer à son juste courroux ?
Non, non ; si je le gagne il faut qu'il vienne à vous.
Ainsi par mon hymen vous avez assurance
Que mille vrais Romains prendront votre défense :
Mais si j'en romps l'accord pour lui rendre mes vœux,
Vous aurez ces Romains et Pompée avec eux ;
Vous aurez ses amis par ce nouveau divorce ;
Vous aurez du tyran la principale force,
Son armée, ou du moins ses plus braves soldats,
Qui de leur général voudront suivre les pas ;
Vous marcherez vers Rome à communes enseignes.
Il sera temps alors, Sylla, que tu me craignes.
Tremble, et crois voir bientôt trébucher ta fierté
Si je puis t'enlever ce que tu m'as ôté.
Pour faire de Pompée un gendre de ta femme
Tu l'as fait un parjure, un méchant, un infâme :
Mais s'il me laisse encor quelques droits sur son cœur
Il reprendra sa foi, sa vertu, son honneur ;
Pour rentrer dans mes fers il brisera tes chaînes;
Et nous t'accablerons sous nos communes haines.
J'abuse trop, seigneur, d'un précieux loisir ;

Voilà vos intérêts, c'est à vous de choisir.
Si votre amour trop prompt veut borner sa conquête,
Je vous le dis encor, ma main est toute prête.
Je vous laisse y penser : surtout souvenez-vous
Que ma gloire en ces lieux me demande un époux ;
Qu'elle ne peut souffrir que ma fuite m'y range,
En captive de guerre, au péril d'un échange ;
Qu'elle veut un grand homme à recevoir ma foi ;
Qu'après vous et Pompée il n'en est point pour moi ;
Et que...

SERTORIUS.
Vous le verrez et saurez sa pensée.

ARISTIE.
Adieu, seigneur ; j'y suis la plus intéressée ;
Et j'y vais préparer mon reste de pouvoir.

SERTORIUS.
Moi je vais donner ordre à le bien recevoir.

(Seul.)
Dieux, souffrez qu'à mon tour avec vous je m'explique !
Que c'est un sort cruel d'aimer par politique !
Et que ses intérêts sont d'étranges malheurs
S'ils font donner la main quand le cœur est ailleurs !

ACTE SECOND.

SCÈNE I.

VIRIATE, THAMIRE.

VIRIATE.

Thamire, il faut parler, l'occasion nous presse :
Rome jusqu'en ces murs m'envoie une maîtresse ;
Et l'exil d'Aristie, enveloppé d'ennuis,
Est prêt à l'emporter sur tout ce que je suis.
En vain de mes regards l'ingénieux langage
Pour découvrir mon cœur a tout mis en usage ;
En vain par le mépris des vœux de tous nos rois
J'ai cru faire éclater l'orgueil d'un autre choix ;
Le seul pour qui je tâche à le rendre visible
Ou n'ose en rien connoître, ou demeure insensible,
Et laisse à ma pudeur des sentimens confus,
Que l'amour-propre obstine à douter du refus.
Épargne-m'en la honte, et prends soin de lui dire,
A ce héros si cher... Tu le connois, Thamire ;
Car d'où pourroit mon trône attendre un ferme appui ?
Et pour qui mépriser tous nos rois que pour lui ?
Sertorius, lui seul digne de Viriate,
Mérite que pour lui tout mon amour éclate.
Fais-lui, fais-lui savoir le glorieux dessein
De m'affermir au trône en lui donnant la main :
Dis-lui... Mais j'aurois tort d'instruire ton adresse,
Moi qui connois ton zèle à servir ta princesse.

THAMIRE.

Madame, en ce héros tout est illustre et grand ;

Mais, à parler sans fard, votre amour me surprend.
Il est assez nouveau qu'un homme de son âge
Ait des charmes si forts pour un jeune courage,
Et que d'un front ridé les replis jaunissans
Trouve l'heureux secret de captiver les sens.

VIRIATE.

Ce ne sont pas les sens que mon amour consulte ;
Il hait des passions l'impétueux tumulte ;
Et son feu que j'attache aux soins de ma grandeur
Dédaigne tout mélange avec leur folle ardeur.
J'aime en Sertorius ce grand art de la guerre
Qui soutient un banni contre toute la terre ;
J'aime en lui ces cheveux tout couverts de lauriers,
Ce front qui fait trembler les plus braves guerriers,
Ce bras qui semble avoir la victoire en partage.
L'amour de la vertu n'a jamais d'yeux pour l'âge ;
Le mérite a toujours des charmes éclatans,
Et quiconque peut tout est aimable en tout temps.

THAMIRE.

Mais, madame, nos rois dont l'amour vous irrite
N'ont-ils tous ni vertu, ni pouvoir, ni mérite ?
Et dans votre parti se peut-il qu'aucun d'eux
N'ait signalé son nom par des exploits fameux ?
Celui des Turdétans, celui des Celtibères
Soutiendroient-ils si mal le sceptre de vos pères...

VIRIATE.

Contre des rois comme eux j'aimerois leur soutien ;
Mais contre des Romains tout leur pouvoir n'est rien.
Rome seule aujourd'hui peut résister à Rome :
Il faut pour la braver qu'elle nous prête un homme,
Et que son propre sang en faveur de ces lieux
Balance les destins et partage les dieux.
Depuis qu'elle a daigné protéger nos provinces,
Et de son amitié faire honneur à leurs princes,

Sous un si haut appui nos rois humiliés
N'ont été que sujets sous le nom d'alliés ;
Et ce qu'ils ont osé contre leur servitude
N'en a rendu le joug que plus fort et plus rude.
Qu'a fait Mandonius, qu'a fait Indibilis
Qu'y plonger plus avant leurs trônes avilis,
Et voir leur fier amas de puissance et de gloire
Brisé contre l'écueil d'une seule victoire ?
Le grand Viriatus, de qui je tiens le jour,
D'un sort plus favorable eut un pareil retour.
Il défit trois préteurs, il gagna dix batailles,
Il repoussa l'assaut de plus de cent murailles ;
Et de Servilius l'astre prédominant
Dissipa tout d'un coup ce bonheur étonnant.
Ce grand roi fut défait ; il en perdit la vie,
Et laissoit sa couronne à jamais asservie
Si pour briser les fers de son peuple captif
Rome n'eût envoyé ce noble fugitif.
Depuis que son courage à nos destins préside
Un bonheur si constant de nos armes décide
Que deux lustres de guerre assurent nos climats
Contre ces souverains de tant de potentats,
Et leur laissent à peine au bout de dix années
Pour se couvrir de nous l'ombre des Pyrénées.
Nos rois sans ce héros, l'un de l'autre jaloux,
Du plus heureux sans cesse auroient rompu les coups;
Jamais ils n'auroient pu choisir entre eux un maître.

THAMIRE.
Mais consentiront-ils qu'un Romain puisse l'être ?

VIRIATE.
Il n'en prend pas le titre, et les traite d'égal :
Mais, Thamire, après tout il est leur général ;
Ils combattent sous lui, sous son ordre ils s'unissent;
Et tous ces rois de nom en effet obéissent

Tandis que de leur rang l'inutile fierté
S'applaudit d'une vaine et fausse égalité.
THAMIRE.
Je n'ose vous rien dire après cet avantage,
Et voudrois comme vous faire grâce à son âge :
Mais enfin ce héros, sujet au cours des ans,
A trop long-temps vaincu pour vaincre encor long-temps,
Et sa mort...
VIRIATE.
Jouissons en dépit de l'envie
Des restes glorieux de son illustre vie.
Sa mort me laissera pour ma protection
La splendeur de son ombre et l'éclat de son nom.
Sur ces deux grands appuis ma couronne affermie
Ne redoutera point de puissance ennemie :
Ils feront plus pour moi que ne feroient cent rois.
Mais nous en parlerons encor quelque autre fois ;
Je l'aperçois qui vient.

SCÈNE II.
SERTORIUS, VIRIATE, THAMIRE.

SERTORIUS.
Que direz-vous, madame,
Du dessein téméraire où s'échappe mon ame ?
N'est-ce point oublier ce qu'on vous doit d'honneur
Que demander à voir le fond de votre cœur ?
VIRIATE.
Il est si peu fermé que chacun y peut lire,
Seigneur, peut-être plus que je ne puis vous dire ;
Pour voir ce qui s'y passe il ne faut que des yeux.
SERTORIUS.
J'ai besoin toutefois qu'il s'explique un peu mieux.
Tous vos rois à l'envi briguent votre hyménée ;

Et comme vos bontés font notre destinée,
Par ces mêmes bontés j'ose vous conjurer,
En faisant ce grand choix, de nous considérer.
Si vous prenez un prince inconstant, infidèle,
Ou qui pour le parti n'ait pas assez de zèle,
Jugez en quel état nous nous verrons réduits,
Si je pourrai long-temps encor ce que je puis,
Si mon bras...
VIRIATE.
Vous formez des craintes que j'admire !
J'ai mis tous mes états si bien sous votre empire
Que quand il me plaira faire choix d'un époux,
Quelque projet qu'il fasse, il dépendra de vous.
Mais pour vous mieux ôter cette frivole crainte
Choisissez-le vous-même, et parlez-moi sans feinte.
Pour qui de tous ces rois êtes-vous sans soupçon ?
A qui d'eux pouvez-vous confier ce grand nom ?
SERTORIUS.
Je voudrois faire un choix qui pût aussi vous plaire :
Mais à ce froid accueil que je vous vois leur faire
Il semble que pour tous sans aucun intérêt...
VIRIATE.
C'est peut-être, seigneur, qu'aucun d'eux ne me plaît,
Et que de leur haut rang la pompe la plus vaine
S'efface au seul aspect de la grandeur romaine.
SERTORIUS.
Si donc je vous offrois pour époux un Romain ?
VIRIATE.
Pourrois-je refuser un don de votre main ?
SERTORIUS.
J'ose après cet aveu vous faire offre d'un homme
Digne d'être avoué de l'ancienne Rome.
Il en a la naissance, il en a le grand cœur,
Il est couvert de gloire, il est plein de valeur ;

De toute votre Espagne il a gagné l'estime ;
Libéral, intrépide, affable, magnanime,
Enfin c'est Perpenna sur qui vous emportez...
VIRIATE.
J'attendois votre nom après ces qualités :
Les éloges brillans que vous daignez y joindre
Ne me permettoient pas d'espérer rien de moindre.
Mais certes le détour est un peu surprenant :
Vous donnez une reine à votre lieutenant !
Si vos Romains ainsi choisissent des maîtresses
A vos derniers tribuns il faudra des princesses.
SERTORIUS.
Madame...
VIRIATE.
Parlons net sur ce choix d'un époux.
Etes-vous trop pour moi ? suis-je trop peu pour vous ?
C'est m'offrir ; et ce mot peu blesser les oreilles :
Mais un pareil amour sied bien à mes pareilles ;
Et je veux bien, seigneur, qu'on sache désormais
Que j'ai d'assez bons yeux pour voir ce que je fais.
Je le dis donc tout haut afin que l'on m'entende :
Je veux bien un Romain ; mais je veux qu'il commande,
Et ne trouverois pas nos rois à dédaigner,
N'étoit qu'ils savent mieux obéir que régner.
Mais si de leur puissance ils vous laissent l'arbitre,
Leur foiblesse du moins en conserve le titre.
Ainsi ce noble orgueil qui vous préfère à tous
En préfère le moindre à tout autre qu'à vous.
Car enfin pour remplir l'honneur de ma naissance
Il me faudroit un roi de titre et de puissance ;
Mais comme il n'en est plus, je pense m'en devoir
Ou le pouvoir sans nom, ou le nom sans pouvoir.
SERTORIUS.
J'adore ce grand cœur qui rend ce qu'il doit rendre
Aux illustres aïeux dont on vous voit descendre ;

A de moindres pensers son orgueil abaissé
Ne soutiendroit pas bien ce qu'ils vous ont laissé.
Mais puisque pour remplir la dignité royale
Votre haute naissance en demande une égale,
Perpenna parmi nous est le seul dont le sang
Ne mêleroit point d'ombre à la splendeur du rang :
Il descend de nos rois et de ceux d'Etrurie.
Pour moi, qu'un sang moins noble a transmis à la vie,
Je n'ose m'éblouir d'un peu de nom fameux
Jusqu'à déshonorer le trône par mes vœux :
Cessez de m'estimer jusqu'à lui faire injure ;
Je ne veux que le nom de votre créature :
Un si glorieux titre a de quoi me ravir,
Il m'a fait triompher en voulant vous servir ;
Et malgré tout le peu que le ciel m'a fait naître...

VIRIATE.

Si vous prenez ce titre, agissez moins en maître ;
Ou m'apprenez du moins, seigneur, par quelle loi
Vous n'osez m'accepter, et disposez de moi.
Accordez le respect que mon trône vous donne
Avec cet attentat sur ma propre personne :
Voir toute mon estime et n'en pas mieux user
C'en est un qu'aucun art ne sauroit déguiser.
Ne m'honorez donc plus jusqu'à me faire injure.
Puisque vous le voulez soyez ma créature ;
Et, me laissant en reine ordonner de vos vœux,
Portez-les jusqu'à moi, parceque je le veux.
Pour votre Perpenna, que sa haute naissance
N'affranchit point encor de votre obéissance,
Fût-il du sang des dieux aussi bien que des rois,
Ne lui promettez plus la gloire de mon choix.
Rome n'attache point le grade à la noblesse :
Votre grand Marius naquit dans la bassesse ;
Et c'est pourtant le seul que le peuple romain
Ait jusques à sept fois choisi pour souverain,

Ainsi, pour estimer chacun à sa manière,
Au sang d'un Espagnol je ferois grâce entière ;
Mais parmi vos Romains je prends peu garde au sang
Quand j'y vois la vertu prendre le plus haut rang.
Vous, si vous haïssez comme eux le nom de reine,
Regardez-moi, seigneur, comme dame romaine :
Le droit de bourgeoisie à nos peuples donné
Ne perd rien de son prix sur un front couronné.
Sous ce titre adoptif étant ce que vous êtes,
Je pense bien valoir une de mes sujettes,
Et si quelque Romaine a causé vos refus,
Je suis tout ce qu'elle est, et reine encor de plus.

SERTORIUS.

Je vous entends, madame, et pour ne vous rien taire
J'avouerai qu'Aristie...

VIRIATE.

Elle nous a tout dit ;
Je sais ce qu'elle espère et ce qu'on vous écrit.
Sans y perdre de temps ouvrez votre pensée.

SERTORIUS.

Au seul bien de la cause elle est intéressée.
Mais, puisque pour ôter l'Espagne à nos tyrans
Nous prenons, vous et moi, des chemins différens,
De grâce examinez le commun avantage,
Et jugez ce que doit un généreux courage.
Je trahirois, madame, et vous et vos états
De voir un tel secours et ne l'accepter pas ;
Mais ce même secours deviendroit notre perte
S'il nous ôtoit la main que vous m'avez offerte,
Et qu'un destin jaloux de nos communs desseins
Jetât ce grand dépôt en de mauvaises mains.
Je tiens Sylla perdu si vous laissez unie
A ce puissant renfort votre Lusitanie.
Mais vous pouvez enfin dépendre d'un époux,

Et le seul Perpenna peut m'assurer de vous.
Voyez ce qu'il a fait : je lui dois tant, madame,
Qu'une juste prière en faveur de sa flamme...

VIRIATE.

Si vous lui devez tant ne me devez-vous rien?
Et lui faut-il payer vos dettes de mon bien?
Après que ma couronne a garanti vos têtes
Ne mérité-je point de part en vos conquêtes?
Ne vous ai-je servi que pour servir toujours
Et m'assurer des fers par mon propre secours?
Ne vous y trompez pas : si Perpenna m'épouse
Du pouvoir souverain je deviendrai jalouse,
Et le rendrai moi-même assez entreprenant
Pour ne vous pas laisser un roi pour lieutenant.
Je vous avouerai plus : à qui que je me donne,
Je voudrai hautement soutenir ma couronne;
Et c'est ce qui me force à vous considérer,
De peur de perdre tout s'il nous faut séparer.
Je ne vois que vous seul qui des mers aux montagnes
Sous un même étendard puisse unir nos Espagnes.
Mais ce que je propose en est le seul moyen;
Et quoi qu'ait fait pour vous ce cher concitoyen,
S'il vous a secouru contre la tyrannie,
Il en est bien payé d'avoir sauvé sa vie.
Les malheurs du parti l'accabloient à tel point
Qu'il se voyoit perdu s'il ne vous eût pas joint,
Et même, si j'en veux croire la renommée,
Ses troupes malgré lui grossirent votre armée.
Rome offre un grand secours, du moins on vous l'écrit.
Mais, s'armât-elle toute en faveur d'un proscrit,
Quand nous sommes aux bords d'une pleine victoire,
Quel besoin avons-nous d'en partager la gloire?
Encore une campagne, et nos seuls escadrons
Aux aigles de Sylla font repasser les monts,
Et ces derniers venus auront droit de nous dire

Qu'ils auront en ces lieux établi notre empire !
Soyons d'un tel honneur l'un et l'autre jaloux,
Et quand nous pouvons tout ne devons rien qu'à nous.

SERTORIUS.

L'espoir le mieux fondé n'a jamais trop de forces ;
Le plus heureux destin surprend par les divorces ;
Du trop de confiance il aime à se venger,
Et dans un grand dessein rien n'est à négliger.
Devons-nous exposer à tant d'incertitude
L'esclavage de Rome et notre servitude,
De peur de partager avec d'autres Romains
Un honneur où le ciel veut peut-être leurs mains ?
Notre gloire, il est vrai, deviendra sans seconde
Si nous faisons sans eux la liberté du monde ;
Mais si quelque malheur suit tant d'heureux combats,
Quels reproches cruels ne nous ferons-nous pas ?
D'ailleurs considérez que Perpenna vous aime,
Qu'il est ou qu'il se croit digne du diadème,
Qu'il peut ici beaucoup, qu'il s'est vu de tout temps
Qu'en gouvernant le mieux on fait des mécontens ;
Que, piqué du mépris, il osera peut-être...

VIRIATE.

Tranchez le mot, seigneur, je vous ai fait mon maître,
Et je dois obéir malgré mon sentiment ;
C'est à quoi se réduit tout ce raisonnement.
Faites, faites entrer ce héros d'importance,
Que je fasse un essai de mon obéissance ;
Et si vous le craignez craignez autant du moins
Un long et vain regret d'avoir prêté vos soins.

SERTORIUS.

Madame, croiriez-vous...

VIRIATE.

     Ce mot vous doit suffire ;
J'entends ce qu'on me dit et ce qu'on me veut dire.

Allez, faites-lui place, et ne présumez pas...
SERTORIUS,
Je parle pour un autre, et toutefois, hélas!
Si vous saviez...
VIRIATE.
Seigneur, que faut-il que je sache?
Et quel est le secret que ce soupir me cache?
SERTORIUS.
Ce soupir redoublé...
VIRIATE.
N'achevez point: allez,
Je vous obéirai plus que vous ne voulez.

SCÈNE III.

VIRIATE, THAMIRE.

THAMIRE.
Sa dureté m'étonne, et je ne puis, madame...
VIRIATE.
L'apparence t'abuse; il m'aime au fond de l'ame.
THAMIRE.
Quoi! quand pour un rival il s'obstine au refus...
VIRIATE.
Il veut que je l'amuse, et ne veut rien de plus.
THAMIRE.
Vous avez des clartés que mon insuffisance...
VIRIATE.
Parlons à ce rival; le voilà qui s'avance.

SCÈNE IV.

VIRIATE, PERPENNA, AUFIDE, THAMIRE.

VIRIATE.

Vous m'aimez, Perpenna, Sertorius le dit;
Je crois sur sa parole, et lui dois tout crédit:
Je sais donc votre amour. Mais tirez-moi de peine;
Par où prétendez-vous mériter une reine?
A quel titre lui plaire, et par quel charme un jour
Obliger sa couronne à payer votre amour?

PERPENNA.

Par de sincères vœux, par d'assidus services,
Par de profonds respects, par d'humbles sacrifices;
Et si quelques effets peuvent justifier...

VIRIATE.

Eh bien! qu'êtes-vous prêt de lui sacrifier?

PERPENNA.

Tous mes soins, tout mon sang, mon courage, ma vie.

VIRIATE.

Pourriez-vous la servir dans une jalousie?

PERPENNA.

Ah! madame!

VIRIATE.

A ce mot en vain le cœur vous bat;
Elle n'est pas d'amour, elle n'est que d'état.
J'ai de l'ambition, et mon orgueil de reine
Ne peut voir sans chagrin une autre souveraine
Qui, sur mon propre trône à mes yeux s'élevant,
Jusque dans mes états prenne le pas devant.
Sertorius y règne, et dans tout notre empire
Il dispense des lois où j'ai voulu souscrire.
Je ne m'en repens point; il en a bien usé;
Je rends grâces au ciel qui l'a favorisé.

Mais, pour vous dire enfin de quoi je suis jalouse,
Quel rang puis-je garder auprès de son épouse ?
Aristie y prétend, et l'offre qu'elle fait
Ou que l'on fait pour elle en assure l'effet.
Délivrez nos climats de cette vagabonde
Qui vient par son exil troubler un autre monde,
Et forcez-la sans bruit d'honorer d'autres lieux
De cet illustre objet qui me blesse les yeux.
Assez d'autres états lui prêteront asile.

PERPENNA.

Quoi que vous m'ordonniez, tout me sera facile ;
Mais quand Sertorius ne l'épousera pas,
Un autre hymen vous met dans le même embarras.
Et qu'importe après tout d'une autre ou d'Aristie
Si...

VIRIATE.

Rompons, Perpenna, rompons cette partie ;
Donnons ordre au présent, et quant à l'avenir
Suivant l'occasion nous saurons y fournir :
Le temps est un grand maître, il règle bien des choses.
Enfin je suis jalouse, et vous en dis les causes.
Voulez-vous me servir ?

PERPENNA.

Si je le veux ! j'y cours,
Madame, et meurs déjà d'y consacrer mes jours.
Mais pourrai-je espérer que ce foible service
Attirera sur moi quelque regard propice ;
Que le cœur attendri fera suivre...

VIRIATE.

Arrêtez :
Vous porteriez trop loin des vœux précipités.
Sans doute un tel service aura droit de me plaire ;
Mais laissez-moi de grâce arbitre du salaire.
Je ne suis point ingrate, et sais ce que je dois ;

Et c'est vous dire assez pour la première fois.
Adieu.

SCÈNE V.

PERPENNA, AUFIDE.

AUFIDE.

Vous le voyez, seigneur, comme on vous joue;
Tout son cœur est ailleurs; Sertorius l'avoue,
Et fait auprès de vous l'officieux rival
Tandis que Viriate...

PERPENNA.

Ah! n'en juge point mal.
A lui rendre service elle m'ouvre une voie
Que tout mon cœur embrasse avec excès de joie.

AUFIDE.

Vous ne voyez donc pas que cet esprit jaloux
Ne cherche à se servir de vous que contre vous,
Et que, rompant le cours d'une flamme nouvelle,
Vous forcez ce rival à retourner vers elle?

PERPENNA.

N'importe, servons-la, méritons son amour;
La force et la vengeance agiront à leur tour.
Hasardons quelques jours sur l'espoir qui nous flatte,
Dussions-nous pour tout fruit ne faire qu'une ingrate.

AUFIDE.

Mais, seigneur...

PERPENNA.

Epargnons les discours superflus,
Songeons à la servir et ne contestons plus;
Cet unique souci tient mon ame occupée.
Cependant de nos murs on découvre Pompée;
Tu sais qu'on me l'a dit; allons le recevoir
Puisque Sertorius m'impose ce devoir.

ACTE TROISIÈME.

SCÈNE I.

SERTORIUS, POMPÉE, SUITE.

SERTORIUS.

Seigneur, qui des mortels eût jamais osé croire
Que la trêve à tel point dût rehausser ma gloire,
Qu'un nom à qui la guerre a fait trop applaudir
Dans l'ombre de la paix trouvât à s'agrandir ?
Certes je doute encor si ma vue est trompée
Alors que dans ces murs je vois le grand Pompée ;
Et quand il lui plaira je saurai quel bonheur
Comble Sertorius d'un tel excès d'honneur.

POMPÉE.

Deux raisons. Mais, seigneur, faites qu'on se retire
Afin qu'en liberté je puisse vous les dire.

SCÈNE II.

SERTORIUS ET POMPÉE assis.

POMPÉE.

L'inimitié qui règne entre les deux partis
N'y rend pas de l'honneur tous les droits amortis :
Comme le vrai mérite a ses prérogatives
Qui prennent le dessus des haines les plus vives,
L'estime et le respect sont de justes tributs
Qu'aux plus fiers ennemis arrachent les vertus ;
Et c'est ce que vient rendre à la haute vaillance
Dont je ne fais ici que trop d'expérience

L'ardeur de voir de près un si fameux héros
Sans lui voir en la main piques ni javelots,
Et le front désarmé de ce regard terrible
Qui dans nos escadrons guide un bras invincible.
Je suis jeune et guerrier, et tant de fois vainqueur
Que mon trop de fortune a pu m'enfler le cœur ;
Mais, et ce franc aveu sied bien aux grands courages,
J'apprends plus contre vous par mes désavantages
Que les plus beaux succès qu'ailleurs j'aie emportés
Ne m'ont encore appris par mes prospérités.
Je vois ce qu'il faut faire à voir ce que vous faites.
Les siéges, les assauts, les savantes retraites,
Bien camper, bien choisir à chacun son emploi ;
Votre exemple est partout une étude pour moi.
Ah! si je vous pouvois rendre à la république
Que je croirois lui faire un présent magnifique !
Et que j'irois, seigneur, à Rome avec plaisir,
Puisque la trêve enfin m'en donne le loisir,
Si j'y pouvois porter quelque foible espérance
D'y conclure un accord d'une telle importance !
Près de l'heureux Sylla ne puis-je rien pour vous?
Et près de vous, seigneur, ne puis-je rien pour tous?

SERTORIUS.

Vous me pourriez sans doute épargner quelque peine
Si vous vouliez avoir l'ame toute romaine.
Mais avant que d'entrer en ces difficultés
Souffrez que je réponde à vos civilités.
Vous ne me donnez rien par cette haute estime
Que vous n'ayez déjà dans le degré sublime:
La victoire attachée à vos premiers exploits,
Un triomphe avant l'âge où le souffrent nos lois,
Avant la dignité qui permet d'y prétendre,
Font trop voir quels respects l'univers vous doit rendre.
Si dans l'occasion je ménage un peu mieux

L'assiette du pays et la faveur des lieux,
Si mon expérience en prend quelque avantage,
Le grand art de la guerre attend quelquefois l'âge ;
Le temps y fait beaucoup, et de mes actions
S'il vous a plu tirer quelques instructions,
Mes exemples un jour ayant fait place aux vôtres,
Ce que je vous apprends vous l'apprendrez à d'autres ;
Et ceux qu'aura ma mort saisis de mon emploi
S'instruiront contre vous comme vous contre moi.
Quant à l'heureux Sylla, je n'ai rien à vous dire :
Je vous ai montré l'art d'affoiblir son empire ;
Et si je puis jamais y joindre des leçons
Dignes de vous apprendre à repasser les monts,
Je suivrai d'assez près votre illustre retraite
Pour traiter avec lui sans besoin d'interprète,
Et sur les bords du Tibre, une pique à la main,
Lui demander raison pour le peuple romain.

POMPÉE.

De si hautes leçons, seigneur, sont difficiles,
Et pourroient vous donner quelques soins inutiles
Si vous faisiez dessein de me les expliquer
Jusqu'à m'avoir appris à les bien pratiquer.

SERTORIUS.

Aussi me pourriez-vous épargner quelque peine
Si vous vouliez avoir l'ame toute romaine :
Je vous l'ai déjà dit.

POMPÉE.

Ce discours rebattu
Lasseroit une austère et farouche vertu.
Pour moi, qui vous honore assez pour me contraindre
A fuir obstinément tout sujet de m'en plaindre,
Je ne veux rien comprendre en ces obscurités.

SERTORIUS.

Je sais qu'on n'aime point de telles vérités.

Mais, seigneur, étant seuls je parle avec franchise ;
Bannissant les témoins vous me l'avez permise:
Et je garde avec vous la même liberté
Que si votre Sylla n'avoit jamais été.
Est-ce être tout Romain qu'être chef d'une guerre
Qui veut tenir aux fers les maîtres de la terre?
Ce nom sans vous et lui nous seroit encor dû ;
C'est par lui, c'est par vous que nous l'avons perdu.
C'est vous qui sous le joug traînez des cœurs si braves;
Ils étoient plus que rois, ils sont moindres qu'esclaves;
Et la gloire qui suit vos plus nobles travaux
Ne fait qu'approfondir l'abîme de leurs maux;
Leur misère est le fruit de votre illustre peine.
Et vous pensez avoir l'ame toute romaine !
Vous avez hérité ce nom de vos aïeux ;
Mais s'il vous étoit cher vous le rempliriez mieux.

POMPÉE.

Je crois le bien remplir quand tout mon cœur s'ap-
Aux soins de rétablir un jour la république: [plique]
Mais vous jugez, seigneur, de l'ame par le bras ;
Et souvent l'un paroît ce que l'autre n'est pas.
Lorsque deux factions divisent un empire
Chacun suit au hasard la meilleure ou la pire,
Suivant l'occasion ou la nécessité
Qui l'emporte vers l'un ou vers l'autre côté :
Le plus juste parti difficile à connoître
Nous laisse en liberté de nous choisir un maître;
Mais quand ce choix est fait on ne s'en dédit plus.
J'ai servi sous Sylla du temps de Marius,
Et servirai sous lui tant qu'un destin funeste
De nos divisions soutiendra quelque reste.
Comme je ne vois pas dans le fond de son cœur,
J'ignore quels projets peut former son bonheur:
S'il les pousse trop loin, moi-même je l'en blâme;

Je lui prête mon bras sans engager mon ame ;
Je m'abandonne au cours de sa félicité
Tandis que tous mes vœux sont pour la liberté ;
Et c'est ce qui me force à garder une place
Qu'usurperoient sans moi l'injustice et l'audace,
Afin que, Sylla mort, ce dangereux pouvoir
Ne tombe qu'en des mains qui sachent leur devoir.
Enfin je sais mon but et vous savez le vôtre.

SERTORIUS.

Mais cependant, seigneur, vous servez comme un autre,
Et nous qui jugeons tout sur la foi de nos yeux,
Et laissons le dedans à pénétrer aux dieux,
Nous craignons votre exemple et doutons si dans Rome
Il n'instruit point le peuple à prendre loi d'un homme;
Et si votre valeur sous le pouvoir d'autrui
Ne sème point pour vous lorsqu'elle agit pour lui.
Comme je vous estime, il m'est aisé de croire
Que de la liberté vous feriez votre gloire,
Que votre ame en secret lui donne tous ses vœux.
Mais, si je m'en rapporte aux esprits soupçonneux,
Vous aidez aux Romains à faire essai d'un maître
Sous ce flatteur espoir qu'un jour vous pourrez l'être.
La main qui les opprime et que vous soutenez
Les accoutume au joug que vous leur destinez ;
Et, doutant s'ils voudront se faire à l'esclavage,
Aux périls de Sylla vous tâtez leur courage.

POMPÉE.

Le temps détrompera ceux qui parlent ainsi ;
Mais justifiera-t-il ce que l'on voit ici ?
Permettez qu'à mon tour je parle avec franchise ;
Votre exemple à la fois m'instruit et m'autorise :
Je juge comme vous sur la foi de mes yeux,
Et laisse le dedans à pénétrer aux dieux.
Ne vit-on pas ici sous les ordres d'un homme?

N'y commandez-vous pas comme Sylla dans Rome ?
Du nom de dictateur, du nom de général,
Qu'importe si des deux le pouvoir est égal ?
Les titres différens ne font rien à la chose.
Vous imposez des lois ainsi qu'il en impose;
Et s'il est périlleux de s'en faire haïr
Il ne seroit pas sûr de vous désobéir.
Pour moi, si quelque jour je suis ce que vous êtes,
J'en userai peut-être alors comme vous faites;
Jusque là...

SERTORIUS.

Vous pourriez en douter jusque là,
Et me faire un peu moins ressembler à Sylla.
Si je commande ici le sénat me l'ordonne,
Mes ordres n'ont encore assassiné personne;
Je n'ai pour ennemi que ceux du bien commun ;
Je leur fais bonne guerre, et n'en proscrit pas un.
C'est un asile ouvert que mon pouvoir suprême;
Et si l'on m'obéit ce n'est qu'autant qu'on m'aime.

POMPÉE.

Et votre empire en est d'autant plus dangereux
Qu'il rend de vos vertus les peuples amoureux,
Qu'en assujettissant vous avez l'art de plaire,
Qu'on croit n'être en vos fers qu'esclave volontaire,
Et que la liberté trouvera peu de jour
A détruire un pouvoir que fait régner l'amour.
Ainsi parlent, seigneur, les ames soupconneuses.
Mais n'examinons point ces questions fâcheuses,
Ni si c'est un sénat qu'un amas de bannis
Que cet asile ouvert sous vous a réunis :
Une seconde fois, n'est-il aucune voie
Par où je puisse à Rome emporter quelque joie ?
Elle seroit extrême à trouver des moyens
De rendre un si grand homme à ses concitoyens;

Il est doux de revoir les murs de la patrie :
C'est elle par ma voix, seigneur, qui vous en prie ;
C'est Rome...

SERTORIUS.
　　　　　Le séjour de votre potentat,
Qui n'a que ses fureurs pour maximes d'état!
Je n'appelle plus Rome un enclos de murailles
Que ses proscriptions comblent de funérailles ;
Ces murs, dont le destin fut autrefois si beau,
N'en sont que la prison, ou plutôt le tombeau.
Mais pour revivre ailleurs dans sa première force
Avec les faux Romains elle a fait plein divorce ;
Et, comme autour de moi j'ai tous ses vrais appuis,
Rome n'est plus dans Rome, elle est toute où je suis.
Parlons pourtant d'accord. Je ne sais qu'une voie,
Qui puisse avec honneur nous donner cette joie :
Unissons-nous ensemble, et le tyran est bas ;
Rome à ce grand dessein ouvrira tous ses bras.
Ainsi nous ferons voir l'amour de la patrie,
Pour qui vont les grands cœurs jusqu'à l'idolâtrie,
Et nous épargnerons ces flots de sang romain
Que versent tous les ans votre bras et ma main.

POMPÉE.
Ce projet, qui pour vous est tout brillant de gloire,
N'auroit-il rien pour moi d'une action trop noire?
Moi qui commande ailleurs, puis-je servir sous vous?

SERTORIUS.
Du droit de commander je ne suis point jaloux :
Je ne l'ai qu'en dépôt, et je vous l'abandonne,
Non jusqu'à vous servir de ma seule personne,
Je prétends un peu plus ; mais dans cette union
De votre lieutenant m'envieriez-vous le nom ?

POMPÉE.
De pareils lieutenans n'ont des chefs qu'en idée :

Leur nom retient pour eux l'autorité cédée;
Ils n'en quittent que l'ombre ; et l'on ne sait que c'est
De suivre ou d'obéir que suivant qu'il leur plaît.
Je sais une autre voie et plus noble et plus sûre:
Sylla si vous voulez quitte sa dictature ;
Et déjà de lui-même il s'en seroit démis
S'il voyoit qu'en ces lieux il n'eût plus d'ennemis.
Mettez les armes bas, je réponds de l'issue:
J'en donne ma parole après l'avoir reçue.
Si vous êtes Romain prenez l'occasion.

SERTORIUS.

Je ne m'éblouis point de cette illusion:
Je connois le tyran, j'en vois le stratagème;
Quoi qu'il semble promettre, il est toujours lui-même.
Vous qu'à sa défiance il a sacrifié
Jusques à vous forcer d'être son allié...

POMPÉE.

Hélas! ce mot me tue ; et je le dis sans feinte,
C'est l'unique sujet qu'il m'a donné de plainte :
J'aimois mon Aristie ; il m'en vient d'arracher.
Mon cœur frémit encore à me le reprocher;
Vers tant de biens perdus sans cesse il me rappelle,
Et je vous rends, seigneur, mille grâces pour elle,
A vous, à ce grand cœur dont la compassion
Daigne ici l'honorer de sa protection...

SERTORIUS.

Protéger hautement les vertus malheureuses,
C'est le moindre devoir des ames généreuses ;
Aussi fais-je encor plus, je lui donne un époux.

POMPÉE.

Un époux! dieux! qu'entends-je! Et qui, seigneur?

SERTORIUS.

Moi.

POMPÉE.

Vous!

Seigneur, toute son ame est à moi dés l'enfance.
N'imitez point Sylla par cette violence;
Mes maux sont assez grands sans y joindre celui
De voir tout ce que j'aime entre les bras d'autrui.
SERTORIUS.
Tout est encore à vous.

SCÈNE III.

ARISTIE, SERTORIUS, POMPÉE.

SERTORIUS.
Venez, venez, madame,
Faire voir quel pouvoir j'usurpe sur votre ame,
Et montrer s'il se peut à tout le genre humain
La force qu'on vous fait pour me donner la main.
POMPÉE.
C'est elle-même, ô ciel!
SERTORIUS.
Je vous laisse avec elle,
Et sais que tout son cœur vous est encor fidéle.
Reprenez votre bien, ou ne vous plaignez plus
Si j'ose m'enrichir, seigneur, de vos refus.

SCÈNE IV.

POMPÉE, ARISTIE.

POMPÉE.
Me dit-on vrai, madame? et seroit-il possible...
ARISTIE.
Oui, seigneur, il est vrai que j'ai le cœur sensible:
Suivant qu'on m'aime ou hait j'aime ou hais à mon tour,
Et ma gloire soutient ma haine et mon amour.
Mais si de mon amour elle est la souveraine,

Elle n'est pas toujours maîtresse de ma haine ;
Je ne le suis pas même ; et je hais quelquefois,
Et moins que je ne veux, et moins que je ne dois.
POMPÉE.
Cette haine a pour moi toute son étendue,
Madame, et la pitié ne l'a point suspendue ;
La générosité n'a pu la modérer.
ARISTIE.
Vous ne croyez donc pas qu'elle a peine à durer.
Mon feu, qui n'est éteint que parcequ'il doit l'être,
Cherche en dépit de moi le vôtre pour renaître ;
Et je sens qu'à vos yeux mon courroux chancelant
Trébuche, perd sa force, et meurt en vous parlant.
M'aimeriez-vous encor, seigneur ?
POMPÉE.
Si je vous aime !
Demandez si je vis ou si je suis moi-même.
Votre amour est ma vie, et ma vie est à vous.
ARISTIE.
Sortez de mon esprit, ressentimens jaloux :
Noirs enfans du dépit, ennemis de ma gloire,
Tristes ressentimens, je ne veux plus vous croire.
Quoi qu'on m'ait fait d'outrage, il ne m'en souvient plus ;
Plus de nouvel hymen, plus de Sertorius.
Je suis au grand Pompée ; et puisqu'il m'aime encore,
Puisqu'il me rend son cœur, de nouveau je l'adore.
Plus de Sertorius. Mais, seigneur : répondez ;
Faites parler ce cœur qu'enfin vous me rendez.
Plus de Sertorius. Hélas ! quoi que je die,
Vous ne me dites point, seigneur : Plus d'Émilie.
Rentrez dans mon esprit, jaloux ressentimens,
Fiers enfans de l'honneur, nobles emportemens ;
C'est vous que je veux croire ; et Pompée infidèle
Ne sauroit plus souffrir que ma haine chancelle ;

Il l'affermit pour moi. Venez, Sertorius,
Il me rend toute à vous par ce muet refus.
Donnons ce grand témoin à ce grand hyménée ;
Son ame toute ailleurs n'en sera point gênée ;
Il le verra sans peine ; et cette dureté
Passera chez Sylla pour magnanimité.

POMPÉE.

Ce qu'il vous fait d'injure également m'outrage :
Mais enfin je vous aime, et ne puis davantage.
Vous, si jamais ma flamme eût pour vous quelque appas,
Plaignez-vous, haïssez, mais ne vous donnez pas.
Demeurez en état d'être toujours ma femme ;
Gardez jusqu'au tombeau l'empire de mon ame.
Sylla n'a que son temps, il est vieil et cassé ;
Son règne passera s'il n'est déjà passé ;
Ce grand pouvoir lui pèse, il s'apprête à le rendre :
Comme à Sertorius je veux bien vous l'apprendre.
Ne vous jetez donc point, madame, en d'autres bras ;
Plaignez-vous, haïssez ; mais ne vous donnez pas :
Si vous voulez ma main n'engagez pas la vôtre.

ARISTIE.

Mais quoi ! n'êtes-vous pas entre les bras d'une autre ?

POMPÉE.

Non, puisqu'il vous en faut confier le secret.
Emilie à Sylla n'obéit qu'à regret :
Des bras d'un autre époux ce tyran qui l'arrache
Ne rompt point dans son cœur le saint nœud qui l'attache.
Elle porte en ses flancs un fruit de cet amour,
Que bientôt chez moi-même elle va mettre au jour ;
Et dans ce triste état sa main qu'il m'a donnée
N'a fait que l'éblouir par un feint hyménée,
Tandis que, tout entière à son cher Glabrion,
Elle paroît ma femme et n'en a que le nom.

ARISTIE.

Et ce nom seul est tout pour celles de ma sorte.
Rendez-le-moi, seigneur, ce grand nom qu'elle porte.
J'aimai votre tendresse et vos empressemens;
Mais je suis au dessus de ces attachemens,
Et tout me sera doux si ma trame coupée
Me rend à mes aïeux en femme de Pompée,
Et que sur mon tombeau ce grand titre gravé
Montre à tout l'avenir que je l'ai conservé,
J'en fais toute ma gloire et toutes mes délices ;
Un moment de sa perte a pour moi des supplices.
Vengez-moi de Sylla, qui me l'ôte aujourd'hui,
Ou souffrez qu'on me venge et de vous et de lui ;
Qu'un autre hymen me rende un titre qui l'égale ;
Qu'il me relève autant que Sylla me ravale :
Non que je puisse aimer aucun autre que vous ;
Mais pour venger ma gloire il me faut un époux,
Il m'en faut un illustre et dont la renommée...

POMPÉE.

Ah ! ne vous lassez point d'aimer et d'être aimée.
Peut-être touchons-nous au moment désiré
Qui saura réunir ce qu'on a séparé.
Ayez plus de courage, et moins d'impatience ;
Souffrez que Sylla meure ou quitte sa puissance...

ARISTIE.

J'attendrai de sa mort ou de son repentir
Qu'à me rendre l'honneur vous daigniez consentir !
Et je verrai toujours votre cœur plein de glace,
Mon tyran impuni, ma rivale en ma place,
Jusqu'à ce qu'il renonce au pouvoir absolu
Après l'avoir gardé tant qu'il l'aura voulu !

POMPÉE.

Mais tant qu'il pourra tout que pourrai-je, madame ?

ARISTIE.

Suivre en tous lieux, seigneur, l'exil de votre femme,
La ramener chez vous avec vos légions,
Et rendre un heureux calme à nos divisions.
Que ne pourrez-vous point en tête d'une armée
Partout, hors de l'Espagne, à vaincre accoutumée ?
Et quand Sertorius sera joint avec vous
Que pourra le tyran ? qu'osera son courroux ?

POMPÉE.

Ce n'est pas s'affranchir qu'un moment le paroître,
Ni secouer le joug que de changer de maître.
Sertorius pour vous est un illustre appui ;
Mais en faire le mien c'est me ranger sous lui ;
Joindre nos étendards c'est grossir son empire.
Perpenna, qui l'a joint, saura que vous en dire.
Je sers ; mais jusqu'ici l'ordre vient de si loin
Qu'avant qu'on le reçoive il n'en est plus besoin ;
Et ce peu que j'y rends de vaine déférence,
Jaloux du vrai pouvoir, ne sert qu'en apparence.
Je crois n'avoir plus même à servir qu'un moment ;
Et quand Sylla prépare un si grand changement
Pouvez-vous m'ordonner de me bannir de Rome
Pour la remettre au joug, sous les lois d'un autre homme,
Moi qui ne suis jaloux de mon autorité
Que pour lui rendre un jour toute sa liberté ?
Non, non : si vous m'aimez, comme j'aime à le croire,
Vous saurez accorder votre amour et ma gloire,
Céder avec prudence au temps prêt à changer,
Et ne me perdre pas au lieu de vous venger.

ARISTIE

Si vous m'avez aimée, et qu'il vous en souvienne,
Vous mettrez votre gloire à me rendre la mienne.
Mais il est temps qu'un mot termine ces débats.
Me voulez-vous, seigneur ? ne me voulez-vous pas ?

Parlez : que votre choix règle ma destinée.
Suis-je encore à l'époux à qui l'on m'a donnée ?
Suis-je à Sertorius ? C'est assez consulté
Rendez-moi mes liens ou pleine liberté...

POMPÉE.

Je le vois bien, madame, il faut rompre la trève
Pour briser en vainqueur cet hymen s'il s'achève ;
Et vous savez si peu l'art de vous secourir
Que pour vous en instruire il faut vous conquérir.

ARISTIE.

Sertorius sait vaincre et garder ses conquêtes.

POMPÉE.

La vôtre à la garder coûtera bien des têtes.
Comme elle fermera la porte à tout accord,
Rien ne l'en peut jamais assurer que ma mort :
Oui, j'en jure les dieux, s'il faut qu'il vous obtienne,
Rien ne peut empêcher sa perte que la mienne ;
Et peut-être tous deux, l'un par l'autre percés,
Nous vous ferons connoître à quoi vous nous forcez.

ARISTIE.

Je ne suis pas, seigneur, d'une telle importance.
D'autres soins éteindront cette ardeur de vengeance :
Ceux de vous agrandir vous porteront ailleurs,
Où vous pourrez trouver quelques destins meilleurs ;
Ceux de servir Sylla, d'aimer son Emilie,
D'imprimer du respect à toute l'Italie,
De rendre à votre Rome un jour sa liberté,
Sauront tourner vos pas de quelque autre côté.
Surtout ce privilége acquis aux grandes ames
De changer à leur gré de maris et de femmes
Mérite qu'on l'étale au bout de l'univers,
Pour en donner l'exemple à cent climats divers.

POMPÉE.

Ah ! c'en est trop, madame ; et de nouveau je jure...

ARISTIE.
Seigneur, les vérités font-elles quelque injure?
POMPÉE.
Vous oubliez trop tôt que je suis votre époux.
ARISTIE.
Ah! si ce nom vous plaît, je suis encore à vous.
Voilà ma main, seigneur.
POMPÉE.
Gardez-la-moi, madame.
ARISTIE.
Tandis que vous avez à Rome une autre femme!
Que par un autre hymen vous me déshonorez!
Me punissent les dieux que vous avez jurés
Si, passé ce moment et hors de votre vue,
Je vous garde une foi que vous avez rompue!
POMPÉE.
Qu'allez-vous faire? hélas!
ARISTIE.
Ce que vous m'enseignez.
POMPÉE.
Eteindre un tel amour!
ARISTIE.
Vous-même l'éteignez.
POMPÉE.
La victoire aura droit de le faire renaître.
ARISTIE.
Si ma haine est trop foible elle la fera croître.
POMPÉE.
Pourrez-vous me haïr?
ARISTIE.
J'en fais tous mes souhaits.
POMPÉE.
Adieu donc pour deux jours.
ARISTIE.
Adieu pour tout jamais.

ACTE QUATRIÈME.

SCÈNE I.

SERTORIUS, THAMIRE.

SERTORIUS.

Pourrai-je voir la reine ?

THAMIRE.

     Attendant qu'elle vienne,
Elle m'a commandé que je vous entretienne,
Et veut demeurer seule encor quelques momens.

SERTORIUS.

Ne m'apprendrez-vous point où vont ses sentimens ?
Ce que doit Perpenna concevoir d'espérance ?

THAMIRE.

Elle ne m'en fait pas beaucoup de confidence ;
Mais j'ose présumer qu'offert de votre main
Il aura peu de peine à fléchir son dédain.
Vous pouvez tout sur elle.

SERTORIUS.

    Ah ! j'y puis peu de chose
Si jusqu'à l'accepter mon malheur la dispose ;
Ou, pour en parler mieux, j'y puis trop et trop peu.

THAMIRE.

Elle croit fort vous plaire en secondant son feu.

SERTORIUS.

Me plaire !

THAMIRE.

  Oui. Mais, seigneur, d'où vient cette surprise ?

Et de quoi s'inquiète un cœur qui la méprise?
SERTORIUS.
N'appelez point mépris un violent respect
Que sur mes plus doux vœux fait régner son aspect.
THAMIRE.
Il est peu de respects qui ressemblent au vôtre
S'il ne sait que trouver des raisons pour un autre;
Et je préférerois un peu d'emportement
Aux plus humbles devoirs d'un tel accablement.
SERTORIUS.
Il n'en est rien parti capable de me nuire
Qu'un soupir échappé ne dût soudain détruire:
Mais la reine, sensible à de nouveaux désirs,
Entendoit mes raisons et non pas mes soupirs.
THAMIRE.
Seigneur, quand un Romain, quand un héros soupire,
Nous n'entendons pas bien ce qu'un soupir veut dire;
Et je vous servirois de meilleur truchement
Si vous vous expliquiez un peu plus clairement.
Je sais qu'en ce climat, que vous nommez barbare,
L'amour par un soupir quelquefois se déclare:
Mais la gloire, qui fait toutes vos passions,
Vous met trop au dessus de ces impressions;
De tels désirs, trop bas pour les grands cœurs de Rome...
SERTORIUS.
Ah! pour être Romain je n'en suis pas moins homme!
J'aime, et peut-être plus qu'on n'a jamais aimé;
Malgré mon âge et moi mon cœur s'est enflammé.
J'ai cru pouvoir me vaincre, et toute mon adresse
Dans mes plus grands efforts m'a fait voir ma foiblesse;
Ceux de la politique et ceux de l'amitié
M'ont mis en un état à me faire pitié.
Le souvenir m'en tue; et ma vie incertaine
Dépend d'un peu d'espoir que j'attends de la reine.

Si toutefois...
           THAMIRE.
           Seigneur, elle a de la bonté ;
Mais je vois son esprit fortement irrité ;
Et si vous m'ordonnez de vous parler sans feindre,
Vous pouvez espérer, mais vous avez à craindre.
N'y perdez point de temps et ne négligez rien ;
C'est peut-être un dessein mal ferme que le sien.
La voici. Profitez des avis qu'on vous donne,
Et gardez bien surtout qu'elle ne m'en soupçonne.

SCÈNE II.
SERTORIUS, VIRIATE, THAMIRE.

           VIRIATE.
On m'a dit qu'Aristie a manqué son projet,
Et que Pompée échappe à cet illustre objet :
Seroit-il vrai, seigneur ?
           SERTORIUS.
                   Il est trop vrai, madame,
Mais bien qu'il l'abandonne il l'adore dans l'ame,
Et rompra, m'a-t-il dit, la trève dès demain
S'il voit qu'elle s'apprête à me donner la main.
           VIRIATE.
Vous vous alarmez peu d'une telle menace ?
           SERTORIUS.
Ce n'est pas en effet ce qui plus m'embarrasse.
Mais vous, pour Perpenna qu'avez-vous résolu ?
           VIRIATE.
D'obéir sans remise au pouvoir absolu,
Et, si d'une offre en l'air votre ame encor frappée
Veut bien s'embarrasser du rebut de Pompée,
Il ne tiendra qu'à vous que dès demain tous deux
De l'un et l'autre hymen nous n'assurions les nœuds ;

SERTORIUS.
Dût se rompre la trêve, et dût la jalousie
Jusqu'au dernier éclat pousser sa frénésie.
SERTORIUS.
Vous pourrez dès demain...
VIRIATE.
Dès ce même moment.
Ce n'est pas obéir qu'obéir lentement;
Et quand l'obéissance a de l'exactitude
Elle voit que sa gloire est dans la promptitude.
SERTORIUS.
Mes prières pouvoient souffrir quelques refus.
VIRIATE.
Je les prendrai toujours pour ordres absolus.
Qui peut ce qui lui plaît commande alors qu'il prie.
D'ailleurs Perpenna m'aime avec idolâtrie;
Tant d'amour, tant de rois d'où son sang est venu,
Le pouvoir souverain dont il est soutenu
Valent bien tous ensemble un trône imaginaire
Qui ne peut subsister que par l'heur de vous plaire.
SERTORIUS.
Je n'ai donc qu'à mourir en faveur de ce choix;
J'en ai reçu la loi de votre propre voix,
C'est un ordre absolu qu'il est temps que j'entende.
Pour aimer un Romain vous voulez qu'il commande,
Et comme Perpenna ne le peut sans ma mort,
Pour remplir votre trône il lui faut tout mon sort.
Lui donner votre main c'est m'ordonner, madame,
De lui céder ma place au camp, et dans votre âme.
Il est, il est trop juste après un tel bonheur,
Qu'il l'ait dans notre armée ainsi qu'en votre cœur.
J'obéis sans murmure, et veux bien que ma vie...
VIRIATE.
Avant que par cet ordre elle vous soit ravie
Puis-je me plaindre à vous d'un retour inégal

Qui tient moins d'un ami qu'il ne fait d'un rival?
Vous trouvez ma faveur et trop prompte et trop pleine!
L'hymen où je m'apprête est pour vous une gêne!
Vous m'en parlez enfin comme si vous m'aimiez!
SERTORIUS.
Souffrez après ce mot que je meure à vos pieds.
J'y veux bien immoler tout mon bonheur au vôtre;
Mais je ne vous puis voir entre les bras d'un autre,
Et c'est assez vous dire à quelle extrémité
Me réduit un amour que j'ai mal écouté.
Bien qu'un si digne objet le rendît excusable,
J'ai cru honteux d'aimer quand on n'est plus aimable;
J'ai voulu m'en défendre à voir mes cheveux gris,
Et me suis répondu long-temps de vos mépris;
Mais j'ai vu dans votre ame ensuite une autre idée
Sur qui mon espérance aussitôt s'est fondée,
Et je me suis promis bien plus qu'à tous vos rois
Quand j'ai vu que l'amour n'en feroit point le choix.
J'allois me déclarer sans l'offre d'Aristie,
Non que ma passion s'en soit vue alentie,
Mais je n'ai point douté qu'il ne fût d'un grand cœur
De tout sacrifier pour le commun bonheur.
L'amour de Perpenna s'est joint à ces pensées;
Vous avez vu le reste et mes raisons forcées.
Je m'étois figuré que de tels déplaisirs
Pourroient ne me coûter que deux ou trois soupirs,
Et pour m'en consoler j'envisageois l'estime
Et d'ami généreux et de chef magnanime;
Mais près du coup fatal je sens par mes ennuis
Que je me promettois bien plus que je ne puis.
Je me rends donc, madame, ordonnez de ma vie,
Encor tout de nouveau je vous la sacrifie.
Aimez-vous Perpenna?
VIRIATE.
Je sais vous obéir,

Mais je ne sais que c'est d'aimer ni de haïr,
Et la part que tantôt vous aviez dans mon ame
Fut un don de ma gloire et non pas de ma flamme.
Je n'en ai point pour lui, je n'en eus point pour vous;
Je ne veux point d'amant, mais je veux un époux,
Mais je veux un héros qui par son hyménée
Sache élever si haut le trône où je suis née
Qu'il puisse de l'Espagne être l'heureux soutien,
Et laisser de vrais rois de mon sang et du sien.
Je le trouvois en vous, n'eût été la bassesse
Qui pour ce cher rival contre moi s'intéresse,
Et dont, quand je vous mets au dessus de cent rois,
Une répudiée a mérité le choix.
Je l'oublierai pourtant et veux vous faire grâce.
M'aimez-vous?

SERTORIUS.

Oserois-je en prendre encor l'audace?

VIRIATE.

Prenez-la, j'y consens, seigneur, et dès demain
Au lieu de Perpenna donnez-moi votre main.

SERTORIUS.

Que se tiendroit heureux un amour moins sincère
Qui n'auroit autre but que de se satisfaire,
Et qui se rempliroit de sa félicité
Sans prendre aucun souci de votre dignité!
Mais quand vous oubliez ce que j'ai pu vous dire
Puis-je oublier les soins d'agrandir votre empire,
Que votre grand projet est celui de régner?

VIRIATE.

Seigneur, vous faire grâce est-ce m'en éloigner?

SERTORIUS.

Ah! madame! est-il temps que cette grâce éclate?

VIRIATE.

C'est cet éclat, seigneur, que cherche Viriate.

SERTORIUS.

Nous perdons tout, madame, à le précipiter.
L'amour de Perpenna le fera révolter ;
Souffrez qu'un peu de temps doucement le ménage,
Qu'auprès d'un autre objet un autre amour l'engage ;
Des amis d'Aristie assurons le secours
A force de promettre en différant toujours ;
Détruire tout l'espoir qui les tient en haleine
C'est les perdre, c'est mettre un jaloux hors de peine,
Dont l'esprit ébranlé ne se doit pas guérir
De cette impression qui peut nous l'acquérir.
Pourrions-nous venger Rome après de telles pertes?
Pourrions-nous l'affranchir des misères souffertes?
Et de ses intérêts un si haut abandon...

VIRIATE.

Et que m'importe à moi si Rome souffre ou non !
Quand j'aurai de ses maux effacé l'infamie
J'en obtiendrai pour fruit le nom de son amie !
Je vous verrai consul m'en apporter les lois
Et m'abaisser vous-même au rang des autres rois !
Si vous m'aimez, seigneur, nos mers et nos montagnes
Doivent borner vos vœux ainsi que nos Espagnes ;
Nous pouvons nous y faire un assez beau destin
Sans chercher d'autre gloire au pied de l'Aventin.
Affranchissons le Tage, et laissons faire au Tibre.
La liberté n'est rien quand tout le monde est libre ;
Mais il est beau de l'être et voir tout l'univers
Soupirer sous le joug et gémir dans les fers ;
Il est beau d'étaler cette prérogative
Aux yeux du Rhône esclave et de Rome captive,
Et de voir envier aux peuples abattus
Ce respect que le sort garde pour les vertus.
Quant au grand Perpenna, s'il est si redoutable,
Remettez-moi le soin de le rendre traitable ;
Je sais l'art d'empêcher les grands cœurs de faillir.

SERTORIUS.
Mais quel fruit pensez-vous en pouvoir recueillir?
Je le sais comme vous, et vois quelles tempêtes
Cet ordre surprenant formera sur nos têtes.
Ne cherchons point, madame, à faire des mutins,
Et ne nous brouillons point avec nos bons destins.
Rome nous donnera sans eux assez de peine
Avant que de souscrire à l'hymen d'une reine,
Et nous n'en fléchirons jamais la dureté,
A moins qu'elle nous doive et gloire et liberté.

VIRIATE.
Je vous avouerai plus, seigneur, loin d'y souscrire
Elle en prendra pour vous une haine où j'aspire,
Un courroux implacable, un orgueil endurci;
Et c'est par où je veux vous arrêter ici.
Qu'ai-je à faire dans Rome? et pourquoi, je vous prie...

SERTORIUS.
Mais nos Romains, madame, aiment tous leur patrie,
Et de tous leurs travaux l'unique et doux espoir
C'est de vaincre bientôt assez pour la revoir.

VIRIATE.
Pour les enchaîner tous sur les rives du Tage
Nous n'avons qu'à laisser Rome dans l'esclavage ;
Ils aimeront à vivre et sous vous et sous moi
Tant qu'ils n'auront qu'un choix d'un tyran ou d'un roi.

SERTORIUS.
Ils ont pour l'un et l'autre une pareille haine,
Et n'obéiront point au mari d'une reine.

VIRIATE.
Qu'ils aillent donc chercher des climats à leur choix
Où le gouvernement n'ait ni tyrans ni rois.
Nos Espagnols, formés à votre art militaire,
Acheveront sans eux ce qui nous reste à faire.
La perte de Sylla n'est pas ce que je veux :

Rome attire encor moins la fierté de mes vœux :
L'hymen où je prétends ne peut trouver d'amorces
Au milieu d'une ville où régnent les divorces,
Et du haut de mon trône on ne voit point d'attraits
Où l'on n'est roi qu'un an pour n'être rien après.
Enfin, pour achever, j'ai fait pour vous plus qu'elle ;
Elle vous a banni, j'ai pris votre querelle ;
Je conserve des jours qu'elle veut vous ravir.
Prenez le diadème et laissez-la servir.
Il est beau de tenter des choses inouïes,
Dût-on voir par l'effet ses volontés trahies.
Pour moi, d'un grand Romain je veux faire un grand roi ;
Vous, s'il y faut périr, périssez avec moi ;
C'est gloire de se perdre en perdant ce qu'on aime.

SERTORIUS.

Mais porter dès l'abord les choses à l'extrême,
Madame, et sans besoin faire des mécontens !
Soyons heureux plus tard pour l'être plus long-temps.
Une victoire ou deux jointes à quelque adresse...

VIRIATE.

Vous savez que l'amour n'est pas ce qui me presse,
Seigneur. Mais après tout, il faut le confesser,
Tant de précaution commence à me lasser.
Je suis reine, et qui sait porter une couronne
Quand il a prononcé n'aime point qu'on raisonne.
Je vais penser à moi, vous penserez à vous.

SERTORIUS.

Ah ! si vous écoutez cet injuste courroux...

VIRIATE.

Je n'en ai point, seigneur, mais mon inquiétude
Ne veut plus dans mon sort aucune incertitude ;
Vous me direz demain où je dois l'arrêter.
Cependant je vous laisse avec qui consulter.

SCÈNE III.
SERTORIUS, PERPENNA, AUFIDE.

PERPENNA à Aufide.
Dieux! qui peut faire ainsi disparoître la reine?
AUFIDE à Perpenna.
Lui-même a quelque chose en l'ame qui le gêne,
Seigneur, et notre abord le rend tout interdit.
SERTORIUS.
De Pompée en ces lieux savez-vous ce qu'on dit?
L'avez-vous mis fort loin au-delà de la porte?
PERPENNA.
Comme assez près des murs il avoit son escorte,
Je me suis dispensé de le mettre plus loin.
Mais de votre secours, seigneur, j'ai grand besoin;
Tout son visage montre une fierté si haute...
SERTORIUS.
Nous n'avons rien conclu, mais ce n'est pas ma faute,
Et vous savez...
PERPENNA.
  Je sais qu'en de pareils débats...
SERTORIUS.
Je n'ai point cru devoir mettre les armes bas,
Il n'est pas encor temps.
PERPENNA.
   Continuez de grâce,
Il n'est pas encor temps que l'amitié se lasse.
SERTORIUS.
Votre intérêt m'arrête autant comme le mien;
Si je m'en trouvois mal vous ne seriez pas bien.
PERPENNA.
De vrai, sans votre appui je serois fort à plaindre,

ACTE IV, SCÈNE III.

Mais je ne vois pour vous aucun sujet de craindre.
SERTORIUS.
Je serois le premier dont on seroit jaloux ;
Mais ensuite le sort pourroit tomber sur vous.
Le tyran, après moi, vous craint plus qu'aucun autre,
Et ma tête abattue ébranleroit la vôtre.
Nous ferons bien tous deux d'attendre plus d'un an.
PERPENNA.
Que parlez-vous, seigneur, de tête et de tyran ?
SERTORIUS.
Je parle de Sylla ; vous devez le connoître.
PERPENNA.
Et je parlois des feux que la reine a fait naître !
SERTORIUS.
Nos esprits étoient donc également distraits.
Tout le mien s'attachoit aux périls de la paix ;
Et je vous demandois quel bruit fait par la ville
De Pompée et de moi l'entretien inutile.
Vous le saurez, Aufide ?
AUFIDE.
A ne rien déguiser,
Seigneur, ceux de sa suite en ont su mal user :
J'en crains parmi le peuple un insolent murmure.
Ils ont dit que Sylla quitte sa dictature ;
Que vous seul refusez les douceurs de la paix,
Et voulez une guerre à ne finir jamais.
Déjà de nos soldats l'ame préoccupée
Montre un peu trop de joie à parler de Pompée ;
Et si l'erreur s'épand jusqu'en nos garnisons
Elle y pourra semer de dangereux poisons.
SERTORIUS.
Nous en romprons le coup avant qu'elle grossisse,
Et ferons par nos soins avorter l'artifice.
D'autres plus grands périls le ciel m'a garanti.

PERPENNA.

Ne ferions-nous pas mieux d'accepter le parti,
Seigneur? trouvez-vous l'offre ou honteuse ou mal sûre?

SERTORIUS.

Sylla peut en effet quitter sa dictature;
Mais il peut faire aussi des consuls à son choix,
De qui la pourpre esclave agira sous ses lois;
Et quand nous n'en craindrons aucuns ordres sinistres
Nous périrons par ceux de ses lâches ministres.
Croyez-moi, pour des gens comme vous deux et moi,
Rien n'est si dangereux que trop de bonne foi.
Sylla par politique a pris cette mesure
De montrer au soldat l'impunité fort sûre;
Mais pour Cinna, Carbon, le jeune Marius,
Il a voulu leur tête, et les a tous perdus.
Pour moi, que tout mon camp sur ce bruit m'abandonne,
Qu'il ne reste pour moi que ma seule personne,
Je me perdrai plutôt dans quelque affreux climat
Qu'aller tant qu'il vivra briguer le consulat.
Vous...

PERPENNA.

Ce n'est pas, seigneur, ce qui me tient en peine:
Exclu du consulat par l'hymen d'une reine,
Du moins si vos bontés m'obtiennent ce bonheur,
Je n'attends plus de Rome aucun degré d'honneur;
Et, banni pour jamais dans la Lusitanie,
J'y crois en sûreté les restes de ma vie.

SERTORIUS.

Oui; mais je ne vois pas encor de sûreté
A ce que vous et moi nous avions concerté.
Vous savez que la reine est d'une humeur si fière...
Mais peut-être le temps la rendra moins altière.
Adieu, dispensez-moi de parler là-dessus.

PERPENNA.
Parlez, seigneur, mes vœux sont-ils si mal reçus ?
Est-ce en vain que je l'aime, en vain que je soupire ?
SERTORIUS.
Sa retraite a plus dit que je ne puis vous dire.
PERPENNA.
Elle m'a dit beaucoup : mais, seigneur, achevez,
Et ne me cachez point ce que vous en savez.
Ne m'auriez-vous rempli que d'un espoir frivole ?
SERTORIUS.
Non ; je vous l'ai cédée, et vous tiendrai parole.
Je l'aime et vous la donne encor malgré mon feu ;
Mais je crains que ce don n'ait jamais son aveu,
Qu'il n'attire sur nous d'impitoyables haines.
Que vous dirai-je enfin ? L'Espagne a d'autres reines ;
Et vous pourriez vous faire un destin bien plus doux
Si vous faisiez pour moi ce que je fais pour vous.
Celle des Vacéens, celle des Ilergètes
Rendroient vos volontés bien plus tôt satisfaites.
La reine avec chaleur sauroit vous y servir.
PERPENNA.
Vous me l'avez promise, et me l'allez ravir.
SERTORIUS.
Que sert que je promette et que je vous la donne
Quand son ambition l'attache à ma personne ?
Vous savez les raisons de cet attachement :
Je vous en ai tantôt parlé confidemment ;
Je vous en fais encor la même confidence.
Faites à votre amour un peu de violence ;
J'ai triomphé du mien ; j'y suis encor tout prêt :
Mais s'il faut du parti ménager l'intérêt,
Faut-il pousser à bout une reine obstinée,
Qui veut faire à son choix toute sa destinée,
Et de qui le secours depuis plus de dix ans

Nous a mieux soutenus que tous nos partisans?
PERPENNA.
La trouvez-vous, seigneur, en état de vous nuire?
SERTORIUS.
Non; elle ne peut pas tout à fait nous détruire;
Mais si vous m'enchaînez à ce que j'ai promis,
Dès demain elle traite avec nos ennemis.
Leur camp n'est que trop proche; ici chacun murmure;
Jugez ce qu'il faut craindre en cette conjoncture;
Voyez quel prompt remède on y peut apporter
Et quel fruit nous aurons de la violenter.
PERPENNA.
C'est à moi de me vaincre, et la raison l'ordonne:
Mais d'un si grand dessein tout mon cœur qui frissonne...
SERTORIUS.
Ne vous contraignez point; dût m'en coûter le jour,
Je tiendrai ma promesse en dépit de l'amour.
PERPENNA.
Si vos promesses n'ont l'aveu de Viriate...
SERTORIUS.
Je ne puis de sa part rien dire qui vous flatte.
PERPENNA.
Je dois donc me contraindre, et j'y suis résolu.
Oui, sur tous mes désirs je me rends absolu:
J'en veux à votre exemple être aujourd'hui le maître;
Et, malgré cet amour que j'ai laissé trop croître,
Vous direz à la reine...
SERTORIUS.
Eh bien! je lui dirai?
PERPENNA.
Rien, seigneur, rien encor : demain j'y penserai.
Toutefois la colère où s'emporte son ame
Pourroit dès cette nuit commencer quelque trame:

ACTE IV, SCÈNE IV.

Vous lui direz, seigneur, tout ce que vous voudrez ;
Et je suivrai l'avis que pour moi vous prendrez.

SERTORIUS.

Je vous admire et plains.

PERPENNA.

Que j'ai l'ame accablée !

SERTORIUS.

Je partage les maux dont je la vois comblée.
Adieu, j'entre un moment pour calmer son chagrin,
Et me rendrai chez vous à l'heure du festin.

SCÈNE IV.

PERPENNA, AUFIDE.

AUFIDE.

Ce maître si chéri fait pour vous des merveilles !
Votre flamme en reçoit des faveurs sans pareilles
Son nom seul malgré lui vous avoit tout volé,
Et la reine se rend sitôt qu'il a parlé !
Quels services faut-il que votre espoir hasarde
Afin de mériter l'amour qu'elle vous garde ?
Et dans quel temps, seigneur, purgerez-vous ces lieux
De cet illustre objet qui lui blesse les yeux ?
Elle n'est point ingrate ; et les lois qu'elle impose
Pour se faire obéir promettent peu de chose ;
Mais on n'a qu'à laisser le salaire à son choix,
Et courir sans scrupule exécuter ses lois.
Vous ne me dites rien ! Apprenez-moi de grâce
Comment vous résolvez que le festin se passe.
Dissimulerez-vous ce manquement de foi ?
Et voulez-vous...

PERPENNA.

Allons en résoudre chez moi.

ACTE CINQUIÈME.

SCÈNE I.
ARISTIE, VIRIATE.

ARISTIE.

Oui, madame, j'en suis comme vous ennemie :
Vous aimez les grandeurs et je hais l'infamie.
Je cherche à me venger, vous à vous établir :
Mais vous pourrez me perdre et moi vous affoiblir
Si le cœur mieux ouvert ne met d'intelligence
Votre établissement avecque ma vengeance.
On m'a volé Pompée ; et moi pour le braver,
Cet ingrat que sa foi n'ose me conserver,
Je cherche un autre époux qui le passe ou l'égale ;
Mais je n'ai pas dessein d'être votre rivale,
Et n'ai point dû prévoir ni que vers un Romain
Une reine jamais daignât pencher sa main
Ni qu'un héros dont l'ame a paru si romaine
Démentît ce grand nom par l'hymen d'une reine ;
J'ai cru dans sa naissance et votre dignité
Pareille aversion et contraire fierté.
Cependant on me dit qu'il consent l'hyménée,
Et qu'en vain il s'oppose au choix de la journée,
Puisque si dès demain il n'a tout son éclat
Vous allez du parti séparer votre état.
Comme je n'ai pour but que d'en grossir les forces,
J'aurois grand déplaisir d'y causer des divorces,
Et de servir Sylla mieux que tous ses amis
Quand je lui veux partout faire des ennemis,

Parlez donc : quelque espoir que vous m'ayez vu prendre,
Si vous y prétendez je cesse d'y prétendre.
Un reste d'autre espoir et plus juste et plus doux
Saura voir sans chagrin Sertorius à vous :
Mon cœur veut à toute heure immoler à Pompée
Tous les ressentimens de ma place usurpée ;
Et comme son amour eut peine à me trahir
J'ai voulu me venger, et n'ai pu le haïr.
Ne me déguisez rien, non plus que je déguise.

VIRIATE.

Viriate à son tour vous doit même franchise,
Madame ; et d'ailleurs même on vous en a trop dit
Pour vous dissimuler ce que j'ai dans l'esprit.
J'ai fait venir exprès Sertorius d'Afrique
Pour sauver mes états d'un pouvoir tyrannique ;
Et mes voisins domptés m'apprenoient que sans lui
Nos rois contre Sylla n'étoient qu'un vain appui.
Avec un seul vaisseau ce grand héros prit terre ;
Avec mes sujets seuls il commença la guerre :
Je mis entre ses mains mes places et mes ports,
Et je lui confiai mon sceptre et mes trésors.
Dès l'abord il sut vaincre, et j'ai vu la victoire
Enfler de jour en jour sa puissance et sa gloire.
Nos rois lassés du joug et vos persécutés
Avec tant de chaleur l'ont joint de tous côtés
Qu'enfin il a poussé nos armes fortunées
Jusques à vous réduire au pied des Pyrénées.
Mais après l'avoir mis au point où je le voi
Je ne puis voir que lui qui soit digne de moi ;
Et, regardant sa gloire ainsi que mon ouvrage,
Je périrai plutôt qu'une autre la partage :
Mes sujets savent bien que j'aime à leur donner
Des monarques d'un sang qui sache gouverner,
Qui sache faire tête à vos tyrans du monde,
Et rendre notre Espagne en lauriers si féconde

Qu'on voie un jour le Pô redouter ses efforts
Et le Tibre lui-même en trembler pour ses bords.

ARISTIE.

Votre dessein est grand ; mais à quoi qu'il aspire...

VIRIATE.

Il m'a dit les raisons que vous me voulez dire.
Je sais qu'il seroit bon de taire et différer
Ce glorieux hymen qu'il me fait espérer ;
Mais la paix qu'aujourd'hui l'on offre à ce grand homme
Ouvre trop les chemins et les portes de Rome :
Je vois que s'il y rentre il est perdu pour moi ;
Et je l'en veux bannir par le don de ma foi.
Si je hasarde trop de m'être déclarée,
J'aime mieux ce péril que ma perte assurée ;
Et si tous vos proscrits osent s'en désunir,
Nos bons destins sans eux pourront nous soutenir.
Mes peuples aguerris sous votre discipline
N'auront jamais au cœur de Rome qui domine ;
Et ce sont des Romains dont l'unique souci
Est de combattre, vaincre et triompher ici.
Tant qu'ils verront marcher ce héros à leur tête
Ils iront sans frayeur de conquête en conquête.
Un exemple si grand dignement soutenu
Saura... Mais que nous veut ce Romain inconnu ?

SCÈNE II.

ARISTIE, VIRIATE, ARCAS.

ARISTIE.

Madame, c'est Arcas, l'affranchi de mon frère :
Sa venue en ces lieux cache quelque mystère.
Parle, Arcas, et dis-nous...

ARCAS.

Ces lettres mieux que moi

Vous diront un succès qu'à peine encor je croi.
ARISTIE lit.

« Chère sœur, pour ta joie il est temps que tu saches
Que nos maux et les tiens vont finir en effet.
Sylla marche en public sans faisceaux et sans haches,
Prêt à rendre raison de tout ce qu'il a fait.

« Il s'est en plein sénat démis de sa puissance ;
Et si vers toi Pompée a le moindre penchant,
Le ciel vient de briser sa nouvelle alliance,
Et la triste Émilie est morte en accouchant.

« Sylla même consent pour calmer tant de haines
Qu'un feu qui fut si beau rentre en sa dignité,
Et que l'hymen te rende à tes premières chaînes
En même temps qu'à Rome il rend sa liberté.

« QUINTUS ARISTIUS. »

Le ciel s'est donc lassé de m'être impitoyable !
Ce bonheur comme à toi me paroît incroyable :
Cours au camp de Pompée, et dis-lui, cher Arcas...

ARCAS.

Il a cette nouvelle, et revient sur ses pas.
De la part de Sylla chargé de lui remettre
Sur ce grand changement une pareille lettre,
A deux milles d'ici j'ai su le rencontrer.

ARISTIE.

Quel amour, quelle joie a-t-il daigné montrer ?
Que dit-il ? que fait-il ?

ARCAS.

Par votre expérience
Vous pouvez bien juger de son impatience :
Mais rappelé vers vous par un transport d'amour
Qui ne lui permet pas d'achever son retour,
L'ordre que pour son camp ce grand effet demande
L'arrête à le donner, attendant qu'il s'y rende.

Il me suivra de près, et m'a fait avancer
Pour vous dire un miracle où vous n'osiez penser.

ARISTIE.

Vous avez lieu d'en prendre une allégresse égale,
Madame ; vous voilà sans crainte et sans rivale.

VIRIATE.

Je n'en ai plus en vous, et je n'en puis douter :
Mais il m'en reste une autre, et plus à redouter ;
Rome, que ce héros aime plus que lui-même,
Et qu'il préféreroit sans doute au diadème,
Si contre cet amour...

SCÈNE III.

VIRIATE, ARISTIE, THAMIRE, ARCAS.

THAMIRE.

Ah ! madame !

VIRIATE.

Qu'as-tu,
Thamire ? et d'où te vient ce visage abattu ?
Que nous disent tes pleurs ?

THAMIRE.

Que vous êtes perdue ;
Que cet illustre bras qui vous a défendue...

VIRIATE.

Sertorius ?

THAMIRE.

Hélas ! ce grand Sertorius....

VIRIATE.

N'achèveras-tu point ?

THAMIRE.

Madame, il ne vit plus.

VIRIATE.

Il ne vit plus ! ô ciel ! Qui te l'a dit, Thamire ?

THAMIRE.
Ses assassins font gloire eux-mêmes de le dire.
Ces tigres, dont la rage au milieu du festin
Par l'ordre d'un perfide a tranché son destin,
Tout couverts de son sang courent parmi la ville
Emouvoir les soldats et le peuple imbécile ;
Et Perpenna par eux proclamé général
Ne vous fait que trop voir d'où part ce coup fatal.
VIRIATE.
Il m'en fait voir ensemble et l'auteur et la cause :
Par cet assassinat c'est de moi qu'on dispose ;
C'est mon trône, c'est moi qu'on prétend conquérir ;
Et c'est mon juste choix qui seul l'a fait périr.
Madame, après sa perte, et parmi ces alarmes,
N'attendez point de moi de soupirs ni de larmes ;
Ce sont amusemens que dédaigne aisément
Le prompt et noble orgueil d'un vif ressentiment ;
Qui pleure l'affoiblit, qui soupire l'exhale.
Il faut plus de fierté dans une ame royale ;
Et ma douleur soumise aux soins de le venger...
ARISTIE.
Mais vous vous aveuglez au milieu du danger.
Songez à fuir, madame.
THAMIRE.
Il n'est plus temps : Aufide,
Des portes du palais saisi pour ce perfide,
En fait votre prison et lui répond de vous.
Il vient ; dissimulez un si juste courroux ;
Et jusqu'à ce qu'un temps plus favorable arrive
Daignez vous souvenir que vous êtes captive.
VIRIATE.
Je sais ce que je suis, et le serai toujours,
N'eussé-je que le ciel et moi pour mon secours.

SCÈNE IV.

PERPENNA, ARISTIE, VIRIATE, THAMIRE, ARCAS.

PERPENNA à Viriate.

Sertorius est mort, cessez d'être jalouse,
Madame, du haut rang qu'auroit pris son épouse ;
Et n'appréhendez plus, comme de son vivant,
Qu'en vos propres états elle ait le pas devant.
Si l'espoir d'Aristie a fait ombrage au vôtre,
Je puis vous assurer et d'elle et de tout autre ;
Et que ce coup heureux saura vous maintenir
Et contre le présent et contre l'avenir.
C'étoit un grand guerrier, mais dont le sang ni l'âge
Ne pouvoient avec vous faire un digne assemblage ;
Et malgré ces défauts ce qui vous en plaisoit
C'étoit sa dignité qui vous tyrannisoit.
Le nom de général vous le rendoit aimable ;
A vos rois, à moi-même il étoit préférable :
Vous vous éblouissiez du titre et de l'emploi,
Et je viens vous offrir et l'un et l'autre en moi,
Avec des qualités où votre ame hautaine
Trouvera mieux de quoi mériter une reine.
Un Romain qui commande et sort du sang des rois
(Je laisse l'âge à part) peut espérer son choix,
Surtout quand d'un affront son amour l'a vengée,
Et que d'un choix abject son bras l'a dégagée.

ARISTIE.

Après t'être immolé chez toi ton général,
Toi que faisoit trembler l'ombre d'un tel rival,
Lâche, tu viens ici braver encor des femmes,
Vanter insolemment tes détestables flammes,
T'emparer d'une reine en son propre palais,

ACTE V, SCÈNE IV.

Et demander sa main pour prix de tes forfaits !
Crains les dieux, scélérat, crains les dieux ou Pompée !
Crains leur haine ou son bras, leur foudre ou son épée !
Et, quelque noir orgueil qui te puisse aveugler,
Apprends qu'il m'aime encor et commence à trembler.
Tu le verras, méchant, plus tôt que tu ne penses ;
Attends, attends de lui tes dignes récompenses.

PERPENNA.

S'il en croit votre ardeur, je suis sûr du trépas ;
Mais peut-être, madame, il ne l'en croira pas ;
Et quand il me verra commander une armée
Contre lui tant de fois à vaincre accoutumée
Il se rendra facile à conclure une paix
Qui faisoit dès tantôt ses plus ardens souhaits.
J'ai même entre mes mains un assez bon otage
Pour faire mes traités avec quelque avantage.
Cependant vous pourriez, pour votre heur et le mien,
Ne parler pas si haut à qui ne vous dit rien :
Ces menaces en l'air vous donnent trop de peine.
Après ce que j'ai fait laissez faire la reine ;
Et sans blâmer des vœux qui ne vont point à vous
Songez à regagner le cœur de votre époux.

VIRIATE.

Oui, madame, en effet c'est à moi de répondre ;
Et mon silence ingrat a droit de me confondre.
Ce généreux exploit, ces nobles sentimens
Méritent de ma part de hauts remerciemens ;
Les différer encor c'est lui faire injustice.
Il m'a rendu sans doute un signalé service ;
Mais il n'en sait encor la grandeur qu'à demi.
Le grand Sertorius fut son parfait ami ;
Apprenez-le, seigneur, (car je me persuade
Que nous devons ce titre à votre nouveau grade ;
Et, pour le peu de temps qu'il pourra vous durer,
Il me coûtera peu de vous le déférer :)

Sachez donc que pour vous il osa me déplaire,
Ce héros; qu'il osa mériter ma colère,
Que malgré son amour, que malgré mon courroux
Il a fait des efforts pour me donner à vous;
Et qu'à moins qu'il vous plût lui rendre sa parole
Tout mon dessein n'étoit qu'une attente frivole;
Qu'il s'obstinoit pour vous au refus de ma main.

ARISTIE.

Et tu peux lui plonger un poignard dans le sein!
Et ton bras...

VIRIATE.

Permettez, madame, que j'estime
La grandeur de l'amour par la grandeur du crime.
Chez lui-même, à sa table, au milieu d'un festin,
D'un si parfait ami devenir l'assassin,
Et de son général se faire un sacrifice
Lorsque son amitié lui rend un tel service;
Renoncer à la gloire, accepter pour jamais
L'infamie et l'horreur qui suit les grands forfaits,
Jusqu'en mon cabinet porter sa violence,
Pour obtenir ma main m'y tenir sans défense :
Tout cela d'autant plus fait voir ce que je doi
A cet excès d'amour qu'il daigne avoir pour moi;
Tout cela montre une ame au dernier point charmée:
Il seroit moins coupable à m'avoir moins aimée.
Et, comme je n'ai point les sentimens ingrats,
Je lui veux conseiller de ne m'épouser pas :
Ce seroit en son lit mettre son ennemie
Pour être à tous momens maîtresse de sa vie;
Et je me résoudrois à cet excès d'honneur
Pour mieux choisir la place à lui percer le cœur.
Seigneur, voilà l'effet de ma reconnoissance.
Du reste ma personne est en votre puissance;
Vous êtes maître ici, commandez, disposez,
Et recevez enfin ma main si vous l'osez.

PERPENNA.

Moi! si je l'oserai? Vos conseils magnanimes
Pouvoient perdre moins d'art à m'étaler mes crimes;
J'en connois mieux que vous toute l'énormité,
Et pour la bien connoître ils m'ont assez coûté.
On ne s'attache point sans un remords bien rude
A tant de perfidie et tant d'ingratitude :
Pour vous je l'ai dompté, pour vous je l'ai détruit;
J'en ai l'ignominie, et j'en aurai le fruit.
Menacez mes forfaits, et proscrivez ma tête ;
De ces mêmes forfaits vous serez la conquête :
Et n'eût tout mon bonheur que deux jours à durer,
Vous n'avez dès demain qu'à vous y préparer.
J'accepte votre haine, et l'ai bien méritée ;
J'en ai prévu la suite, et j'en sais la portée.
Mon triomphe...

SCÈNE V.

PERPENNA, ARISTIE, VIRIATE, AUFIDE, ARCAS, THAMIRE.

AUFIDE.

Seigneur, Pompée est arrivé,
Nos soldats mutinés, le peuple soulevé.
La porte s'est ouverte à son nom, à son ombre;
Nous n'avons point d'amis qui ne cèdent au nombre :
Antoine et Manlius, déchirés par morceaux,
Tout morts et tout sanglans ont encor des bourreaux.
On cherche avec chaleur le reste des complices,
Que lui-même il destine à de pareils supplices.
Je défendois mon poste : il l'a soudain forcé,
Et de sa propre main vous me voyez percé ;
Maître absolu de tout, il change ici de garde.
Pensez à vous : je meurs, la suite vous regarde.

ARISTIE.

Pour quelle heure, seigneur, faut-il se préparer
A ce rare bonheur qu'il vient vous assurer?
Avez-vous en vos mains un assez bon otage
Pour faire vos traités avec grand avantage?

PERPENNA.

C'est prendre en ma faveur un peu trop de souci,
Madame; j'ai de quoi le satisfaire ici.

SCÈNE VI.

POMPÉE, PERPENNA, VIRIATE, ARISTIE,
CELSUS, ARCAS, THAMIRE.

PERPENNA.

Seigneur, vous aurez su ce que je viens de faire.
Je vous ai de la paix immolé l'adversaire,
L'amant de votre femme, et ce rival fameux
Qui s'opposoit partout au succès de vos vœux.
Je vous rends Aristie, et finis cette crainte
Dont votre ame tantôt se montroit trop atteinte;
Et je vous affranchis de ce jaloux ennui
Qui ne pouvoit la voir entre les bras d'autrui.
Je fais plus, je vous livre une fière ennemie
Avec tout son orgueil et sa Lusitanie;
Je vous en ai fait maître, et de tous ces Romains
Que déjà leur bonheur a remis en vos mains.
Comme en un grand dessein, et qui veut promptitude,
On ne s'explique pas avec la multitude,
Je n'ai point cru, seigneur, devoir apprendre à tous
Celui d'aller demain me rendre auprès de vous;
Mais j'en porte sur moi d'assurés témoignages;
Ces lettres de ma foi vous seront de bons gages;
Et vous reconnoîtrez par leurs perfides traits
Combien Rome pour vous a d'ennemis secrets,

Qui tous, pour Aristie enflammés de vengeance,
Avec Sertorius étoient d'intelligence.
Lisez.

(Il lui donne les lettres qu'Aristie avoit apportées de Rome à Sertorius.)

ARISTIE.

Quoi! scélérat! quoi! lâche! oses-tu bien...

PERPENNA.

Madame, il est ici votre maître et le mien;
Il faut en sa présence un peu de modestie,
Et, si je vous oblige à quelque repartie,
La faire sans aigreur, sans outrages mêlés,
Et ne point oublier devant qui vous parlez.
Vous voyez là, seigneur, deux illustres rivales,
Que cette perte anime à des haines égales.
Jusques au dernier point elles m'ont outragé;
Mais, puisque je vous vois, j'en suis assez vengé.
Je vous regarde aussi comme un dieu tutélaire;
Et ne puis... Mais, ô dieux! seigneur, qu'allez-vous faire?

POMPÉE, *après avoir brûlé les lettres sans les lire.*

Montrer d'un tel secret ce que je veux savoir.
Si vous m'aviez connu vous l'auriez su prévoir.
Rome en deux factions trop long-temps partagée
N'y sera point pour moi de nouveau replongée;
Et quand Sylla lui rend sa gloire et son bonheur
Je n'y remettrai point le carnage et l'horreur.
Oyez, Celsus...

(Il lui parle bas.)

Surtout empêchez qu'il ne nomme
Aucun des ennemis qu'elle m'a faits à Rome.

(A Perpenna.)

Vous, suivez ce tribun; j'ai quelques intérêts
Qui demandent ici des entretiens secrets.

PERPENNA.
Seigneur, se pourroit-il qu'après un tel service...
POMPÉE.
J'en connois l'importance, et lui rendrai justice.
Allez.
PERPENNA.
Mais cependant leur haine...
POMPÉE.
C'est assez.
Je suis maître, je parle ; allez, obéissez.

SCÈNE VII.
POMPÉE, VIRIATE, ARISTIE, THAMIRE, ARCAS.

POMPÉE.
Ne vous offensez pas d'ouïr parler en maître,
Grande reine ; ce n'est que pour punir un traître.
Criminel envers vous d'avoir trop écouté
L'insolence où montoit sa noire lâcheté,
J'ai cru devoir sur lui prendre ce haut empire
Pour me justifier avant que vous rien dire ;
Mais je n'abuse point d'un si facile accès,
Et je n'ai jamais su dérober mes succès.
Quelque appui que son crime aujourd'hui vous enlève,
Je vous offre la paix, et ne romps point la trêve ;
Et ceux de nos Romains qui sont auprès de vous
Peuvent y demeurer sans craindre mon courroux.
Si de quelque péril je vous ai garantie,
Je ne veux pour tout prix enlever qu'Aristie,
A qui devant vos yeux, enfin maître de moi,
Je rapporte avec joie et ma main et ma foi.
Je ne dis rien du cœur, il tint toujours pour elle.

ARISTIE.

Le mien savoit vous rendre une ardeur mutuelle ;
Et pour mieux recevoir ce don renouvelé
Il oubliera, seigneur, qu'on me l'avoit volé.

VIRIATE.

Moi j'accepte la paix que vous m'avez offerte ;
C'est tout ce que je puis, seigneur, après ma perte ;
Elle est irréparable : et comme je ne voi
Ni chefs dignes de vous, ni rois dignes de moi,
Je renonce à la guerre ainsi qu'à l'hyménée :
Mais j'aime encor l'honneur du trône où je suis née.
D'une juste amitié je sais garder les lois,
Et ne sais point régner comme règnent nos rois :
S'il faut que sous votre ordre ainsi qu'eux je domine,
Je m'ensevelirai sous ma propre ruine ;
Mais si je puis régner sans honte et sans époux,
Je ne veux d'héritiers que votre Rome ou vous.
Vous choisirez, seigneur ; ou si votre alliance
Ne peut voir mes états sous ma seule puissance,
Vous n'avez qu'à garder cette place en vos mains,
Et je m'y tiens déjà captive des Romains.

POMPÉE.

Madame, vous avez l'ame trop généreuse
Pour n'en pas obtenir une paix glorieuse,
Et l'on verra chez eux mon pouvoir abattu,
Ou j'y ferai toujours honorer la vertu.

SCÈNE VIII.

POMPÉE, ARISTIE, VIRIATE, CELSUS, ARCAS, THAMIRE.

POMPEE.

En est-ce fait, Celsus?

CELSUS.

Oui, seigneur ; le perfide

A vu plus de cent bras punir son parricide ;
Et, livré par votre ordre à ce peuple irrité,
Sans rien dire...

POMPÉE.

Il suffit, Rome est en sûreté ;
Et ceux qu'à me haïr j'avois trop su contraindre
N'y craignant rien de moi n'y donnent rien à craindre.

(A Viriate.)

Vous, madame, agréez pour notre grand héros
Que ses mânes vengés goûtent un plein repos.
Allons donner votre ordre à des pompes funèbres
A l'égal de son nom illustres et célèbres,
Et dresser un tombeau témoin de son malheur,
Qui le soit de sa gloire et de notre douleur.

FIN DE SERTORIUS.

NICOMÈDE,

TRAGÉDIE.

—

(1652.)

PERSONNAGES.

PRUSIAS, roi de Bithynie.
FLAMINIUS, ambassadeur de Rome.
ARSINOÉ, seconde femme de Prusias.
LAODICE, reine d'Arménie.
NICOMÈDE, fils aîné de Prusias, sorti du premier lit.
ATTALE, fils de Prusias et d'Arsinoé.
ARASPE, capitaine des gardes de Prusias.
CLÉONE, confidente d'Arsinoé.

La scène est à Nicomédie.

NICOMÈDE.

ACTE PREMIER.

SCÈNE I.
NICOMÈDE, LAODICE.

LAODICE.
Après tant de hauts faits il m'est bien doux, seigneur,
De voir encor mes yeux régner sur votre cœur;
De voir, sous les lauriers qui vous couvrent la tête,
Un si grand conquérant être encor ma conquête,
Et de toute la gloire acquise à ses travaux
Faire un illustre hommage à ce peu que je vaux.
Quelques biens toutefois que le ciel me renvoie,
Mon cœur épouvanté se refuse à la joie;
Je vous vois à regret, tant mon cœur amoureux
Trouve la cour pour vous un séjour dangereux.
Votre marâtre y règne; et le roi votre père
Ne voit que par ses yeux, seule la considère,
Pour souveraine loi n'a que sa volonté:
Jugez après cela de votre sûreté.
La haine que pour vous elle a si naturelle
A mon occasion encor se renouvelle:
Votre frère, son fils, depuis peu de retour...

NICOMÈDE.
Je le sais, ma princesse, et qu'il vous fait la cour,
Je sais que les Romains, qui l'avoient en otage,
L'ont enfin renvoyé pour un plus digne ouvrage;

Que ce don à sa mère étoit le prix fatal
Dont leur Flaminius marchandoit Annibal ;
Que le roi par son ordre eût livré ce grand homme
S'il n'eût par le poison lui-même évité Rome,
Et rompu par sa mort les spectacles pompeux
Où l'effroi de son nom le destinoit chez eux.
Par mon dernier combat je voyois réunie
La Cappadoce entière avec la Bithynie
Lorsqu'à cette nouvelle, enflammé de courroux
D'avoir perdu mon maître et de craindre pour vous,
J'ai laissé mon armée aux mains de Théagène
Pour voler en ces lieux au secours de ma reine.
Vous en aviez besoin, madame, et je le voi,
Puisque Flaminius obsède encor le roi.
Si de son arrivée Annibal fut la cause,
Lui mort, ce long séjour prétend quelque autre chose ;
Et je ne vois que vous qui le puisse arrêter,
Pour aider à mon frère à vous persécuter.

LAODICE.

Je ne veux point douter que sa vertu romaine
N'embrasse avec chaleur l'intérêt de la reine :
Annibal, qu'elle vient de lui sacrifier,
L'engage en sa querelle et m'en fait défier.
Mais, seigneur, jusqu'ici j'aurois tort de m'en plaindre ;
Et, quoi qu'il entreprenne, avez-vous lieu de craindre ?
Ma gloire et mon amour peuvent bien peu sur moi
S'il faut votre présence à soutenir ma foi,
Et si je puis tomber en cette frénésie
De préférer Attale au vainqueur de l'Asie ;
Attale, qu'en otage ont nourri les Romains,
Ou plutôt qu'en esclave ont façonné leurs mains,
Sans lui rien mettre au cœur qu'une crainte servile
Qui tremble à voir un aigle et respecte un édile !

NICOMÈDE.

Plutôt, plutôt la mort que mon esprit jaloux
Forme des sentimens si peu dignes de vous.
Je crains la violence et non votre foiblesse ;
Et si Rome une fois contre nous s'intéresse...

LAODICE.

Je suis reine, seigneur ; et Rome a beau tonner,
Elle ni votre roi n'ont rien à m'ordonner :
Si de mes jeunes ans il est dépositaire,
C'est pour exécuter les ordres de mon père :
Il m'a donnée à vous, et nul autre que moi
N'a droit de l'en dédire et me choisir un roi.
Par son ordre et le mien la reine d'Arménie
Est due à l'héritier du roi de Bithynie,
Et ne prendra jamais un cœur assez abject
Pour se laisser réduire à l'hymen d'un sujet.
Mettez-vous en repos.

NICOMÈDE.

        Et le puis-je, madame,
Vous voyant exposée aux fureurs d'une femme
Qui pouvant tout ici se croira tout permis
Pour se mettre en état de voir régner son fils ?
Il n'est rien de si saint qu'elle ne fasse enfreindre :
Qui livroit Annibal pourra bien vous contraindre,
Et saura vous garder même fidélité
Qu'elle a gardée aux droits de l'hospitalité.

LAODICE.

Mais ceux de la nature ont-ils un privilége
Qui vous assure d'elle après ce sacrilége ?
Seigneur, votre retour, loin de rompre ses coups,
Vous expose vous-même et m'expose après vous.
Comme il est fait sans ordre, il passera pour crime ;
Et vous serez bientôt la première victime
Que la mère et le fils, ne pouvant m'ébranler,

Pour m'ôter mon appui se voudront immoler.
Si j'ai besoin de vous de peur qu'on me contraigne,
J'ai besoin que le roi, qu'elle-même vous craigne.
Retournez à l'armée, et pour me protéger
Montrez cent mille bras tout prêts à me venger.
Parlez la force en main et hors de leur atteinte.
S'ils vous tiennent ici tout est pour eux sans crainte;
Et ne vous flattez point ni sur votre grand cœur,
Ni sur l'éclat d'un nom cent et cent fois vainqueur :
Quelque haute valeur que puisse être la vôtre,
Vous n'avez en ces lieux que deux bras comme un autre,
Et fussiez-vous du monde et l'amour et l'effroi,
Quiconque entre au palais porte sa tête au roi.
Je vous le dis encor, retournez à l'armée,
Ne montrez à la cour que votre renommée;
Assurez votre sort pour assurer le mien;
Faites que l'on vous craigne, et je ne craindrai rien.

NICOMÈDE.

Retourner à l'armée ! ah ! sachez que la reine
La sème d'assassins achetés par sa haine;
Deux s'y sont découverts que j'amène avec moi
Afin de la convaincre et détromper le roi.
Quoiqu'il soit son époux, il est encor mon père;
Et quand il forcera la nature à se taire,
Trois sceptres à son trône attachés par mon bras
Parleront au lieu d'elle, et ne se tairont pas.
Que si notre fortune à ma perte animée
La prépare à la cour aussi bien qu'à l'armée,
Dans ce péril égal qui me suit en tous lieux,
M'envierez-vous l'honneur de mourir à vos yeux?

LAODICE.

Non, je ne vous dis plus désormais que je tremble,
Mais que s'il faut périr nous périrons ensemble.
Armons-nous de courage, et nous ferons trembler

ACTE I, SCÈNE II.

Ceux dont les lâchetés pensent nous accabler.
Le peuple ici vous aime et hait ces cœurs infâmes;
Et c'est être bien fort que régner sur tant d'ames.
Mais votre frère Attale adresse ici ses pas.
NICOMÈDE.
Il ne m'a jamais vu; ne me découvrez pas.

SCÈNE II.

LAONICE, NICOMÈDE, ATTALE.

ATTALE.
Quoi! madame, toujours un front inexorable!
Ne pourrai-je surprendre un regard favorable,
Un regard désarmé de toutes ces rigueurs,
Et tel qu'il est enfin quand il gagne les cœurs?
LAODICE.
Si ce front est mal propre à m'acquérir le vôtre,
Quand j'en aurai dessein j'en saurai prendre un autre.
ATTALE.
Vous ne l'acquerrez point puisqu'il est tout à vous.
LAODICE.
Je n'ai donc pas besoin d'un visage plus doux.
ATTALE.
Conservez-le, de grâce, après l'avoir su prendre.
LAODICE.
C'est un bien mal acquis que j'aime mieux vous rendre.
ATTALE.
Vous l'estimez trop peu pour le vouloir garder.
LAODICE.
Je vous estime trop pour vouloir rien farder :
Votre rang et le mien ne sauroient le permettre.
Pour garder votre cœur je n'ai pas où le mettre;
La place est occupée, et je vous l'ai tant dit,

Prince, que ce discours vous dut être interdit.
On le souffre d'abord, mais la suite importune.

ATTALE.

Que celui qui l'occupe a de bonne fortune !
Et que seroit heureux qui pourroit aujourd'hui
Disputer cette place et l'emporter sur lui !

NICOMÈDE.

La place à l'emporter coûteroit bien des têtes,
Seigneur, ce conquérant garde bien ses conquêtes;
Et l'on ignore encor parmi ses ennemis
L'art de reprendre un fort qu'une fois il a pris.

ATTALE.

Celui-ci toutefois peut s'attaquer de sorte
Que, tout vaillant qu'il est, il faudra qu'il en sorte.

LAODICE.

Vous pourriez vous méprendre.

ATTALE.

Et si le roi le veut ?

LAODICE.

Le roi, juste et prudent, ne veut que ce qu'il peut.

ATTALE.

Et que ne peut ici la grandeur souveraine ?

LAODICE.

Ne parlez pas si haut : s'il est roi, je suis reine ;
Et vers moi tout l'effort de son autorité
N'agit que par prière et par civilité.

ATTALE.

Non, mais agir ainsi souvent c'est beaucoup dire
Aux reines comme vous qu'on voit dans son empire;
Et si ce n'est assez des prières d'un roi,
Rome, qui m'a nourri, vous parlera pour moi.

NICOMÈDE.

Rome, seigneur !

ATTALE.
Oui, Rome. En êtes-vous en doute ?
NICOMÈDE.
Seigneur, je crains pour vous qu'un Romain vous écoute,
Et si Rome savoit de quels feux vous brûlez,
Bien loin de vous prêter l'appui dont vous parlez,
Elle s'indigneroit de voir sa créature
A l'éclat de son nom faire une telle injure,
Et vous dégraderoit peut-être dès demain
Du titre glorieux de citoyen romain.
Vous l'a-t-elle donné pour mériter sa haine
En le déshonorant par l'amour d'une reine?
Et ne sayez-vous plus qu'il n'est princes ni rois
Qu'elle daigne égaler à ses moindres bourgeois ?
Pour avoir tant vécu chez ces cœurs magnanimes
Vous en avez bientôt oublié les maximes.
Reprenez un orgueil digne d'elle et de vous;
Remplissez mieux un nom sous qui nous tremblons tous;
Et, sans plus l'abaisser à cette ignominie
D'idolâtrer en vain la reine d'Arménie,
Songez qu'il faut du moins pour toucher votre cœur
La fille d'un tribun ou celle d'un préteur;
Que Rome vous permet cette haute alliance,
Dont vous auroit exclu le défaut de naissance
Si l'honneur souverain de son adoption
Ne vous autorisoit à tant d'ambition.
Forcez, rompez, brisez de si honteuses chaînes;
Aux rois qu'elle méprise abandonnez les reines,
Et concevez enfin des vœux plus élevés
Pour mériter les biens qui vous sont réservés.
ATTALE.
Si cet homme est à vous imposez-lui silence,
Madame, et retenez une telle insolence.
Pour voir jusqu'à quel point elle pourroit aller

J'ai forcé ma colère à le laisser parler ;
Mais je crains qu'elle échappe, et que s'il continue
Je ne m'obstine plus à tant de retenue.

NICOMÈDE.

Seigneur, si j'ai raison, qu'importe à qui je sois ?
Perd-elle de son prix pour emprunter ma voix ?
Vous-même, amour à part, je vous en fais arbitre.
Ce grand nom de Romain est un précieux titre ;
Et la reine et le roi l'ont assez acheté
Pour ne se plaire pas à le voir rejeté,
Puisqu'ils se sont privés pour ce nom d'importance
Des charmantes douceurs d'élever votre enfance.
Dès l'âge de quatre ans ils vous ont éloigné ;
Jugez si c'est pour voir ce titre dédaigné,
Pour vous voir renoncer par l'hymen d'une reine
A la part qu'ils avoient à la grandeur romaine.
D'un si rare trésor l'un et l'autre jaloux...

ATTALE.

Madame, encore un coup, cet homme est-il à vous ?
Et pour vous divertir est-il si nécessaire
Que vous ne lui puissiez ordonner de se taire ?

LAODICE.

Puisqu'il vous a déplu vous traitant de Romain,
Je veux bien vous traiter de fils de souverain.
En cette qualité vous devez reconnoître
Qu'un prince votre aîné doit être votre maître,
Craindre de lui déplaire et savoir que le sang
Ne vous empêche pas de différer de rang,
Lui garder le respect qu'exige sa naissance,
Et loin de lui voler son bien en son absence...

ATTALE.

Si l'honneur d'être à vous est maintenant son bien,
Dites un mot, madame, et ce sera le mien ;
Et si l'âge à mon rang fait quelque préjudice,

Vous en corrigerez la fatale injustice :
Mais si je lui dois tant en fils de souverain,
Permettez qu'une fois je vous parle en Romain.
Sachez qu'il n'en est point que le ciel n'ait fait naître
Pour commander aux rois et pour vivre sans maître ;
Sachez que mon amour est un noble projet
Pour éviter l'affront de me voir son sujet ;
Sachez...

LAODICE.

Je m'en doutois, seigneur, que ma couronne
Vous charmoit bien du moins autant que ma personne ;
Mais telle que je suis, et ma couronne et moi,
Tout est à cet aîné, qui sera votre roi ;
Et s'il étoit ici peut-être en sa présence
Vous penseriez deux fois à lui faire une offense.

ATTALE.

Que ne puis-je l'y voir ! Mon courage amoureux...

NICOMÈDE.

Faites quelques souhaits qui soient moins dangereux,
Seigneur ; s'il les savoit il pourroit bien lui-même
Venir d'un tel amour venger l'objet qu'il aime.

ATTALE.

Insolent ! est-ce enfin le respect qui m'est dû ?

NICOMÈDE.

Je ne sais de nous deux, seigneur, qui l'a perdu.

ATTALE.

Peux-tu bien me connoître et tenir ce langage ?

NICOMÈDE.

Je sais à qui je parle, et c'est mon avantage
Que n'étant point connu, prince, vous ne savez
Si je vous dois respect ou si vous m'en devez.

ATTALE.

Ah ! madame, souffrez que ma juste colère...

LAODICE.

Consultez-en, seigneur, la reine votre mère ;
Elle entre.

SCÈNE III.

NICOMÈDE, ARSINOÉ, LAODICE, ATTALE,
CLÉONE.

NICOMÈDE.

Instruisez mieux le prince votre fils,
Madame, et dites-lui, de grâce, qui je suis.
Faute de me connoître il s'emporte, il s'égare ;
Et ce désordre est mal dans une ame si rare :
J'en ai pitié.

ARSINOÉ.

Seigneur, vous êtes donc ici ?

NICOMÈDE.

Oui, madame, j'y suis, et Métrobate aussi.

ARSINOÉ.

Métrobate ! ah, le traître !

NICOMÈDE.

Il n'a rien dit, madame,
Qui vous doive jeter aucun trouble dans l'ame.

ARSINOÉ.

Mais qui cause, seigneur, ce retour surprenant ?
Et votre armée ?

NICOMÈDE.

Elle est sous un bon lieutenant :
Et quant à mon retour, peu de chose le presse.
J'avois ici laissé mon maître et ma maîtresse :
Vous m'avez ôté l'un, vous, dis-je, ou les Romains ;
Et je viens sauver l'autre et d'eux et de vos mains.

ARSINOÉ.

C'est ce qui vous amène ?

NICOMÈDE.

Oui, madame; et j'espère
Que vous m'y servirez auprès du roi mon père.

ARSINOÉ.

Je vous y servirai comme vous l'espérez.

NICOMÈDE.

De votre bon vouloir nous sommes assurés.

ARSINOÉ.

Il ne tiendra qu'au roi qu'aux effets je ne passe.

NICOMÈDE.

Vous voulez à tous deux nous faire cette grâce ?

ARSINOÉ.

Tenez-vous assuré que je n'oublierai rien.

NICOMÈDE.

Je connois votre cœur, ne doutez pas du mien.

ATTALE.

Madame, c'est donc là le prince Nicomède ?

NICOMÈDE.

Oui, c'est moi qui viens voir s'il faut que je vous cède.

ATTALE.

Ah ! seigneur, excusez si vous connoissant mal...

NICOMÈDE.

Prince, faites-moi voir un plus digne rival.
Si vous aviez dessein d'attaquer cette place,
Ne vous départez point d'une si noble audace ;
Mais comme à son secours je n'amène que moi,
Ne la menacez plus de Rome ni du roi.
Je la défendrai seul, attaquez-la de même,
Avec tous les respects qu'on doit au diadème.
Je veux bien mettre à part avec le nom d'aîné
Le rang de votre maître où je suis destiné,

Et nous verrons ainsi qui fait mieux un brave homme
Des leçons d'Annibal ou de celles de Rome.
Adieu, pensez-y bien, je vous laisse y rêver.

SCÈNE IV.

ARSINOÉ, ATTALE, CLÉONE.

ARSINOÉ.
Quoi! tu faisois excuse à qui m'osoit braver!
ATTALE.
Que ne peut point, madame, une telle surprise!
Ce prompt retour me perd et rompt votre entreprise.
ARSINOÉ.
Tu l'entends mal, Attale, il la met dans ma main.
Va trouver de ma part l'ambassadeur romain,
Dedans mon cabinet amène-le sans suite,
Et de ton heureux sort laisse-moi la conduite.
ATTALE.
Mais, madame, s'il faut...
ARSINOÉ.
Va, n'appréhende rien,
Et pour avancer tout hâte cet entretien.

SCÈNE V.

ARSINOÉ, CLÉONE.

CLÉONE.
Vous lui cachez, madame, un dessein qui le touche!
ARSINOÉ.
Je crains qu'en l'apprenant son cœur ne s'effarouche;
Je crains qu'à la vertu par les Romains instruit
De ce que je prépare il ne m'ôte le fruit,
Et ne conçoive mal qu'il n'est fourbe ni crime

Qu'un trône acquis par là ne rende légitime.
CLÉONE.
J'aurois cru les Romains un peu moins scrupuleux,
Et la mort d'Annibal m'eût fait mal juger d'eux.
ARSINOÉ.
Ne leur impute pas une telle injustice,
Un Romain seul l'a faite et par mon artifice.
Rome l'eût laissé vivre, et sa légalité
N'eût point forcé les lois de l'hospitalité;
Savante à ses dépens de ce qu'il savoit faire,
Elle le souffroit mal auprès d'un adversaire;
Mais quoique par ce triste et prudent souvenir
De chez Antiochus elle l'ait fait bannir,
Elle auroit vu couler sans crainte et sans envie
Chez un prince allié les restes de sa vie.
Le seul Flaminius, trop piqué de l'affront
Que son père défait lui laisse sur le front,
(Car je crois que tu sais que quand l'aigle romaine
Vit choir ses légions aux bords de Trasimène,
Flaminius, son père, en étoit général,
Et qu'il y tomba mort de la main d'Annibal;)
Ce fils donc qu'a pressé la soif de sa vengeance
S'est aisément rendu de mon intelligence.
L'espoir d'en voir l'objet entre ses mains remis
A pratiqué par lui le retour de mon fils,
Par lui j'ai jeté Rome en haute jalousie
De ce que Nicomède a conquis dans l'Asie,
Et de voir Laodice unir tous ses états
Par l'hymen de ce prince à ceux de Prusias,
Si bien que le sénat prenant un juste ombrage
D'un empire si grand sous un si grand courage,
Il s'en est fait nommer lui-même ambassadeur
Pour rompre cet hymen et borner sa grandeur;
Et voilà le seul point où Rome s'intéresse.

CLÉONE.

Attale à ce dessein entreprend sa maîtresse !
Mais que n'agissoit Rome avant que le retour
De cet amant si cher affermît son amour ?

ARSINOÉ.

Irriter un vainqueur en tête d'une armée
Prête à suivre en tous lieux sa colère allumée,
C'étoit trop hasarder, et j'ai cru pour le mieux
Qu'il falloit de son fort l'attirer en ces lieux.
Métrobate l'a fait par des terreurs paniques,
Feignant de lui trahir mes ordres tyranniques,
Et pour l'assassiner se disant suborné,
Il l'a, grâces aux dieux, doucement amené.
Il vient s'en plaindre au roi, lui demander justice,
Et sa plainte le jette au bord du précipice.
Sans prendre aucun souci de m'en justifier
Je saurai m'en servir à me fortifier.
Tantôt en le voyant j'ai fait de l'effrayée,
J'ai changé de couleur, je me suis écriée ;
Il a cru me surprendre, et l'a cru bien en vain
Puisque son retour même est l'œuvre de ma main.

CLÉONE.

Mais, quoi que Rome fasse et qu'Attale prétende,
Le moyen qu'à ses yeux Laodice se rende ?

ARSINOÉ.

Et je n'engage aussi mon fils en cet amour
Qu'à dessein d'éblouir le roi, Rome et la cour.
Je n'en veux pas, Cléone, au sceptre d'Arménie,
Je cherche à m'assurer celui de Bithynie ;
Et si ce diadème une fois est à nous,
Que cette reine après se choisisse un époux.
Je ne la vais presser que pour la voir rebelle,
Que pour aigrir les cœurs de son amant et d'elle.
Le roi, que le Romain poussera vivement

ACTE I, SCÈNE V.

De peur d'offenser Rome agira chaudement,
Et ce prince, piqué d'une juste colère,
S'emportera sans doute et bravera son père.
S'il est prompt et bouillant, le roi ne l'est pas moins,
Et comme à l'échauffer j'appliquerai mes soins,
Pour peu qu'à de tels coups cet amant soit sensible,
Mon entreprise est sûre et sa perte infaillible.
Voilà mon cœur ouvert et tout ce qu'il prétend.
Mais dans mon cabinet Flaminius m'attend;
Allons, et garde bien le secret de ta reine.

CLÉONE.

Vous me connoissez trop pour vous en mettre en peine.

ACTE SECOND.

SCÈNE I.
PRUSIAS, ARASPE.

PRUSIAS.
Revenir sans mon ordre et se montrer ici !
ARASPE.
Sire, vous auriez tort d'en prendre aucun souci,
Et la haute vertu du prince Nicoméde
Pour ce qu'on peut en craindre est un puissant reméde ;
Mais tout autre que lui devroit être suspect :
Un retour si soudain manque un peu de respect,
Et donne lieu d'entrer en quelque défiance
Des secrétes raisons de tant d'impatience.
PRUSIAS.
Je ne les vois que trop, et sa témérité
N'est qu'un pur attentat sur mon autorité ;
Il n'en veut plus dépendre, et croit que ses conquêtes
Au dessus de son bras ne laissent point de têtes,
Qu'il est lui seul sa régle, et que sans se trahir
Des héros tels que lui ne sauroient obéir.
ARASPE.
C'est d'ordinaire ainsi que ses pareils agissent.
A suivre leur devoir leurs hauts faits se ternissent,
Et ces grands cœurs, enflés du bruit de leurs combats,
Souverains dans l'armée et parmi leurs soldats,
Font du commandement une douce habitude
Pour qui l'obéissance est un métier bien rude.

ACTE II, SCÈNE I.

PRUSIAS.

Dis tout, Araspe, dis que le nom de sujet
Réduit toute leur gloire en un rang trop abject,
Que bien que leur naissance au trône les destine,
Si son ordre est trop lent, leur grand cœur s'en mutine;
Qu'un père garde trop un bien qui leur est dû
Et qui perd de son prix étant trop attendu;
Qu'on voit naître de là mille sourdes pratiques
Dans le gros de son peuple et dans ses domestiques,
Et que, si l'on ne va jusqu'à trancher le cours
De son règne ennuyeux et de ses tristes jours,
Du moins une insolente et fausse obéissance
Lui laissant un vain titre usurpe sa puissance.

ARASPE.

C'est ce que de tout autre il faudroit redouter,
Seigneur, et qu'en tout autre il faudroit arrêter.
Mais ce n'est pas pour vous un avis nécessaire;
Le prince est vertueux, et vous êtes bon père.

PRUSIAS.

Si je n'étois bon père il seroit criminel ;
Il doit son innocence à l'amour paternel ;
C'est lui seul qui l'excuse et qui le justifie,
Ou lui seul qui me trompe et qui me sacrifie.
Car je dois craindre enfin que sa haute vertu
Contre l'ambition n'ait en vain combattu,
Qu'il ne force en son cœur la nature à se taire.
Qui se lasse d'un roi peut se lasser d'un père,
Mille exemples sanglans nous peuvent l'enseigner ;
Il n'est rien qui ne cède à l'ardeur de régner,
Et depuis qu'une fois elle nous inquiète
La nature est aveugle et la vertu muette.
Te le dirai-je, Araspe ? il m'a trop bien servi,
Augmentant mon pouvoir il me l'a tout ravi;
Il n'est plus mon sujet qu'autant qu'il le veut être,

Et qui me fait régner en effet est mon maître.
Pour paroître à mes yeux son mérite est trop grand;
On n'aime point à voir ceux à qui l'on doit tant,
Tout ce qu'il a fait parle au moment qu'il m'approche,
Et sa seule présence est un secret reproche :
Elle me dit toujours qu'il m'a fait trois fois roi ;
Que je tiens plus de lui qu'il ne tiendra de moi;
Et que si je lui laisse un jour une couronne
Ma tête en porte trois que sa valeur me donne.
J'en rougis dans mon âme, et ma confusion,
Qui renouvelle et croît à chaque occasion,
Sans cesse offre à mes yeux cette vue importune,
Que qui m'en donne trois peut bien m'en ôter une ;
Qu'il n'a qu'à l'entreprendre et peut tout ce qu'il veut.
Juge, Araspe, où j'en suis s'il veut tout ce qu'il peut.

ARASPE.

Pour tout autre que lui je sais comme s'explique
La règle de la vraie et saine politique.
Aussitôt qu'un sujet s'est rendu trop puissant,
Encor qu'il soit sans crime, il n'est pas innocent:
On n'attend point alors qu'il s'ose tout permettre.
C'est un crime d'état que d'en pouvoir commettre;
Et qui sait bien régner l'empêche prudemment
De mériter un juste et plus grand châtiment,
Et prévient par un ordre à tous deux salutaire
Ou les maux qu'il prépare ou ceux qu'il pourroit faire.
Mais, seigneur, pour le prince, il a trop de vertu ;
Je vous l'ai déjà dit.

PRUSIAS.

Et m'en répondras-tu?
Me seras-tu garant de ce qu'il pourra faire
Pour venger Annibal ou pour perdre son frère ?
Et le prends-tu pour homme à voir d'un œil égal
Et l'amour de son frère et la mort d'Annibal ?

Non, ne nous flattons point, il court à sa vengeance ;
Il en a le prétexte, il en a la puissance ;
Il est l'astre naissant qu'adorent mes états,
Il est le dieu du peuple et celui des soldats ;
Sûr de ceux-ci, sans doute il vient soulever l'autre,
Fondre avec son pouvoir sur le reste du nôtre :
Mais ce peu qui m'en reste, encor que languissant,
N'est pas peut-être encor tout à fait impuissant.
Je veux bien toutefois agir avec adresse,
Joindre beaucoup d'honneur à bien peu de rudesse,
Le chasser avec gloire et mêler doucement
Le prix de son mérite à mon ressentiment.
Mais s'il ne m'obéit ou s'il ose s'en plaindre,
Quoi qu'il ait fait pour moi, quoi que j'en voie à craindre,
Dussé-je voir par là tout l'état hasardé...

ARASPE.

Il vient.

SCÈNE II.

PRUSIAS, NICOMÈDE, ARASPE.

PRUSIAS.

Vous voilà, prince ! Et qui vous a mandé ?

NICOMÈDE.

La seule ambition de pouvoir en personne
Mettre à vos pieds, seigneur, encore une couronne,
De jouir de l'honneur de vos embrassemens,
Et d'être le témoin de vos contentemens.
Après la Cappadoce heureusement unie
Aux royaumes du Pont et de la Bithynie,
Je viens remercier et mon père et mon roi
D'avoir eu la bonté de s'y servir de moi,
D'avoir choisi mon bras pour une telle gloire,
Et fait tomber sur moi l'honneur de sa victoire.

PRUSIAS.

Vous pouviez vous passer de mes embrassemens,
Me faire par écrit de tels remerciemens,
Et vous ne deviez pas envelopper d'un crime
Ce que votre victoire ajoute à votre estime.
Abandonner mon camp en est un capital,
Inexcusable en tous, et plus au général ;
Et tout autre que vous malgré cette conquête
Revenant sans mon ordre eût payé de sa tête.

NICOMÈDE.

J'ai failli, je l'avoue ; et mon cœur imprudent
A trop cru les transports d'un désir trop ardent;
L'amour que j'ai pour vous a commis cette offense;
Lui seul à mon devoir fait cette violence.
Si le bien de vous voir m'étoit moins précieux
Je serois innocent, mais si loin de vos yeux,
Que j'aime mieux, seigneur, en perdre un peu d'estime,
Et qu'un bonheur si grand me coûte un petit crime,
Qui ne craindra jamais la plus sévère loi
Si l'amour juge en vous ce qu'il a fait en moi.

PRUSIAS.

La plus mauvaise excuse est assez pour un père,
Et sous le nom d'un fils toute faute est légère :
Je ne veux voir en vous que mon unique appui.
Recevez tout l'honneur qu'on vous doit aujourd'hui.
L'ambassadeur romain me demande audience :
Il verra ce qu'en vous je prends de confiance;
Vous l'écouterez, prince, et répondrez pour moi.
Vous êtes aussi bien le véritable roi,
Je n'en suis plus que l'ombre, et l'âge ne m'en laisse
Qu'un vain titre d'honneur qu'on rend à ma vieillesse;
Je n'ai plus que deux jours peut-être à le garder.
L'intérêt de l'état vous doit seul regarder ;
Prenez-en aujourd'hui la marque la plus haute;

Mais gardez-vous aussi d'oublier votre faute ;
Et, comme elle fait bréche au pouvoir souverain,
Pour la bien réparer retournez dès demain.
Remettez en éclat la puissance absolue ;
Attendez-la de moi comme je l'ai reçue,
Inviolable, entière ; et n'autorisez pas
De plus méchans que vous à la mettre plus bas.
Le peuple qui vous voit, la cour qui vous contemple
Vous désobéiroient sur votre propre exemple.
Donnez-leur-en un autre, et montrez à leurs yeux
Que nos premiers sujets obéissent le mieux.

NICOMÈDE.

J'obéirai, seigneur, et plus tôt qu'on ne pense ;
Mais je demande un prix de mon obéissance.
La reine d'Arménie est due à ses états,
Et j'en vois les chemins ouverts par nos combats.
Il est temps qu'en son ciel cet astre aille reluire ;
De grâce, accordez-moi l'honneur de l'y conduire.

PRUSIAS.

Il n'appartient qu'à vous ; et cet illustre emploi
Demande un roi lui-même, ou l'héritier d'un roi.
Mais pour la renvoyer jusqu'en son Arménie
Vous savez qu'il y faut quelque cérémonie ;
Tandis que je ferai préparer son départ
Vous irez dans mon camp l'attendre de ma part.

NICOMÈDE.

Elle est prête à partir sans plus grand équipage.

PRUSIAS.

Je n'ai garde à son rang de faire un tel outrage.
Mais l'ambassadeur entre, il le faut écouter ;
Puis nous verrons quel ordre on y doit apporter.

SCÈNE III.

PRUSIAS, NICOMÈDE, FLAMINIUS, ARASPE.

FLAMINIUS.

Sur le point de partir, Rome, seigneur, me mande
Que je vous fasse encor pour elle une demande.
Elle a nourri vingt ans un prince votre fils ;
Et vous pouvez juger des soins qu'elle en a pris
Par les hautes vertus et les illustres marques
Qui font briller en lui le sang de vos monarques.
Surtout il est instruit en l'art de bien régner :
C'est à vous de le croire et de le témoigner.
Si vous faites état de cette nourriture,
Donnez ordre qu'il règne, elle vous en conjure ;
Et vous offenseriez l'estime qu'elle en fait
Si vous le laissiez vivre et mourir en sujet.
Faites donc aujourd'hui que je lui puisse dire
Où vous lui destinez un souverain empire.

PRUSIAS.

Les soins qu'ont pris de lui le peuple et le sénat
Ne trouveront en moi jamais un père ingrat ;
Je crois que pour régner il en a les mérites,
Et n'en veux point douter après ce que vous dites.
Mais vous voyez, seigneur, le prince son aîné
Dont le bras généreux trois fois m'a couronné ;
Il ne fait que sortir encor d'une victoire ;
Et pour tant de hauts faits je lui dois quelque gloire.
Souffrez qu'il ait l'honneur de répondre pour moi.

NICOMÈDE.

Seigneur, c'est à vous seul de faire Attale roi.

PRUSIAS.

C'est votre intérêt seul que sa demande touche.

ACTE II, SCÈNE III.

NICOMÈDE.
Le vôtre toutefois m'ouvrira seul la bouche.
De quoi se mêle Rome? et d'où prend le sénat,
Vous vivant, vous régnant, ce droit sur votre état?
Vivez, régnez, seigneur, jusqu'à la sépulture,
Et laissez faire après ou Rome ou la nature.

PRUSIAS.
Pour de pareils amis il faut se faire effort.

NICOMÈDE.
Qui partage vos biens aspire à votre mort;
Et de pareils amis, en bonne politique...

PRUSIAS.
Ah! ne me brouillez point avec la république;
Portez plus de respect à de tels alliés.

NICOMÈDE.
Je ne puis voir sous eux les rois humiliés;
Et, quel que soit ce fils que Rome vous renvoie,
Seigneur, je lui rendrois son présent avec joie.
S'il est si bien instruit en l'art de commander,
C'est un rare trésor qu'elle devroit garder,
Et conserver chez soi sa chère nourriture,
Ou pour le consulat ou pour la dictature.

FLAMINIUS à Prusias.
Seigneur, dans ce discours qui nous traite si mal,
Vous voyez un effet des leçons d'Annibal:
Ce perfide ennemi de la grandeur romaine
N'en a mis en son cœur que mépris et que haine.

NICOMÈDE.
Non, mais il m'a surtout laissé ferme en ce point
D'estimer beaucoup Rome et ne la craindre point.
On me croit son disciple, et je le tiens à gloire;
Et quand Flaminius attaque sa mémoire
Il doit savoir qu'un jour il me fera raison
D'avoir réduit mon maître au secours du poison,

Et n'oublier jamais qu'autrefois ce grand homme
Commença par son père à triompher de Rome.

FLAMINIUS.

Ah! c'est trop m'outrager.

NICOMÈDE.

N'outragez plus les morts.

PRUSIAS.

Et vous, ne cherchez point à former de discords ;
Parlez, et nettement sur ce qu'il me propose.

NICOMÈDE.

Eh bien ! s'il est besoin de répondre autre chose,
Attale doit régner, Rome l'a résolu :
Et puisqu'elle a partout un pouvoir absolu
C'est aux rois d'obéir alors qu'elle commande.
Attale a le cœur grand, l'esprit grand, l'ame grande
Et toutes les grandeurs dont se fait un grand roi.
Mais c'est trop que d'en croire un Romain sur sa foi.
Par quelque grand effet voyons s'il en est digne :
S'il a cette vertu, cette valeur insigne,
Donnez-lui votre armée, et voyons ces grands coups;
Qu'il en fasse pour lui ce que j'ai fait pour vous ;
Qu'il règne avec éclat sur sa propre conquête,
Et que de sa victoire il couronne sa tête.
Je lui prête mon bras, et veux dès maintenant
S'il daigne s'en servir être son lieutenant.
L'exemple des Romains m'autorise à le faire :
Le fameux Scipion le fut bien de son frère;
Et lorsque Antiochus fut par eux détrôné
Sous les lois du plus jeune on vit marcher l'aîné.
Les bords de l'Hellespont, ceux de la mer Egée,
Le reste de l'Asie à nos côtés rangée
Offrent une matière à son ambition...

FLAMINIUS.

Rome prend tout ce reste en sa protection ;

ACTE II, SCÈNE III.

Et vous n'y pouvez plus étendre vos conquêtes
Sans attirer sur vous d'effroyables tempêtes.

NICOMÈDE.

J'ignore sur ce point la volonté du roi :
Mais peut-être qu'un jour je dépendrai de moi ;
Et nous verrons alors l'effet de ces menaces.
Vous pouvez cependant faire munir ces places,
Préparer un obstacle à mes nouveaux desseins,
Disposer de bonne heure un secours de Romains ;
Et si Flaminius en est le capitaine
Nous pourrons lui trouver un lac de Trasimène.

PRUSIAS.

Prince, vous abusez trop tôt de ma bonté.
Le rang d'ambassadeur doit être respecté ;
Et l'honneur souverain qu'ici je vous défère...

NICOMÈDE.

Ou laissez-moi parler, sire, ou faites-moi taire :
Je ne sais point répondre autrement pour un roi
A qui dessus son trône on veut faire la loi.

PRUSIAS.

Vous m'offensez moi-même en parlant de la sorte,
Et vous devez dompter l'ardeur qui vous emporte.

NICOMÈDE.

Quoi ! je verrai, seigneur, qu'on borne vos états,
Qu'au milieu de ma course on m'arrête le bras,
Que de vous menacer on ait même l'audace ;
Et je ne rendrai point menace pour menace !
Et je remercierai qui me dit hautement
Qu'il ne m'est plus permis de vaincre impunément.

PRUSIAS à Flaminius.

Seigneur, vous pardonnez aux chaleurs de son âge ;
Le temps et la raison pourront le rendre sage.

NICOMÈDE.

La raison et le temps m'ouvrent assez les yeux,

Et l'âge ne fera que me les ouvrir mieux.
Si j'avois jusqu'ici vécu comme ce frère
Avec une vertu qui fût imaginaire,
(Car je l'appelle ainsi quand elle est sans effets;
Et l'admiration de tant d'hommes parfaits,
Dont il a vu dans Rome éclater le mérite
N'est pas grande vertu si l'on ne les imite;)
Si j'avois donc vécu dans ce même repos
Qu'il a vécu dans Rome auprès de ses héros,
Elle me laisseroit la Bithynie entière
Telle que de tout temps l'aîné la tient d'un père,
Et s'empresseroit moins à le faire régner
Si vos armes sous moi n'avoient su rien gagner.
Mais parcequ'elle voit avec la Bithynie,
Par trois sceptres conquis trop de puissance unie,
Il faut la diviser; et, dans ce beau projet,
Ce prince est trop bien né pour vivre mon sujet!
Puisqu'il peut la servir à me faire descendre,
Il a plus de vertu que n'en eut Alexandre;
Et je lui dois quitter pour le mettre en mon rang
Le bien de mes aïeux ou le prix de mon sang.
Grâces aux immortels, l'effort de mon courage
Et ma grandeur future ont mis Rome en ombrage:
Vous pouvez l'en guérir, seigneur, et promptement;
Mais n'exigez d'un fils aucun consentement:
Le maître qui prit soin d'instruire ma jeunesse
Ne m'a jamais appris à faire une bassesse.

FLAMINIUS.
A ce que je puis voir, vous avez combattu,
Prince, par intérêt plutôt que par vertu.
Les plus rares exploits que vous ayez pu faire
N'ont jeté qu'un dépôt sur la tête d'un père;
Il n'est que le gardien de leur illustre prix,
Et ce n'est que pour vous que vous avez conquis,

Puisque cette grandeur à son trône attachée
Sur nul autre que vous ne peut être épanchée.
Certes je vous croyois un peu plus généreux.
Quand les Romains le sont ils ne font rien pour eux.
Scipion, dont tantôt vous vantiez le courage,
Ne vouloit point régner sur les murs de Carthage ;
Et de tout ce qu'il fit pour l'empire romain
Il n'en eut que la gloire et le nom d'Africain.
Mais on ne voit qu'à Rome une vertu si pure ;
Le reste de la terre est d'une autre nature.
Quant aux raisons d'état qui vous font concevoir
Que nous craignons en vous l'union du pouvoir,
Si vous en consultiez des têtes bien sensées,
Elles vous déferoient de ces belles pensées.
Par respect pour le roi je ne dis rien de plus.
Prenez quelque loisir de rêver là-dessus.
Laissez moins de fumée à vos feux militaires,
Et vous pourrez avoir des visions plus claires.

NICOMÈDE.

Le temps pourra donner quelque décision
Si la pensée est belle ou si c'est vision.
Cependant...

FLAMINIUS.

Cependant si vous trouvez des charmes
A pousser plus avant la gloire de vos armes,
Nous ne la bornons point ; mais comme il est permis
Contre qui que ce soit de servir ses amis,
Si vous ne le savez, je veux bien vous l'apprendre,
Et vous en donne avis pour ne vous pas surprendre.
Au reste soyez sûr que vous posséderez
Tout ce qu'en votre cœur déjà vous dévorez :
Le Pont sera pour vous avec la Galatie,
Avec la Cappadoce, avec la Bithynie.
Ce bien de vos aïeux, ce prix de votre sang,

Ne mettront point Attale en votre illustre rang;
Et puisque leur partage est pour vous un supplice,
Rome n'a pas dessein de vous faire injustice.
Ce prince régnera sans rien prendre de vous.
(A Prusias.)
La reine d'Arménie a besoin d'un époux,
Seigneur, l'occasion ne peut être plus belle;
Elle vit sous vos lois, et vous disposez d'elle.

NICOMÈDE.

Voilà le vrai secret de faire Attale roi,
Comme vous l'avez dit, sans rien prendre sur moi.
La pièce est délicate, et ceux qui l'ont tissue
A de si longs détours font une digne issue.
Je n'y réponds qu'un mot, étant sans intérêt.
Traitez cette princesse en reine comme elle est;
Ne touchez point en elle aux droits du diadème,
Ou pour les maintenir je périrai moi-même.
Je vous en donne avis, et que jamais les rois
Pour vivre en nos états ne vivent sous nos lois;
Qu'elle seule en ces lieux d'elle-même dispose.

PRUSIAS.

N'avez-vous, Nicomède, à lui dire autre chose?

NICOMÈDE.

Non, seigneur, si ce n'est que la reine, après tout,
Sachant ce que je puis, me pousse trop à bout.

PRUSIAS.

Contre elle dans ma cour que peut votre insolence?

NICOMÈDE.

Rien du tout, que garder ou rompre le silence.
Une seconde fois avisez, s'il vous plaît,
A traiter Laodice en reine comme elle est;
C'est moi qui vous en prie.

SCÈNE IV.
PRUSIAS, FLAMINIUS, ARASPE.

FLAMINIUS.
Eh quoi! toujours obstacle!
PRUSIAS.
De la part d'un amant ce n'est pas grand miracle.
Cet orgueilleux esprit, enflé de ses succès,
Pense bien de son cœur nous empêcher l'accès;
Mais il faut que chacun suive sa destinée.
L'amour entre les rois ne fait pas l'hyménée;
Et les raisons d'état, plus fortes que ses nœuds,
Trouvent bien les moyens d'en éteindre les feux.
FLAMINIUS.
Comme elle a de l'amour, elle aura du caprice.
PRUSIAS.
Non, non; je vous réponds, seigneur, de Laodice.
Mais enfin elle est reine, et cette qualité
Semble exiger de nous quelque civilité.
J'ai sur elle, après tout, une puissance entière;
Mais j'aime à la cacher sous le nom de prière.
Rendons-lui donc visite; et comme ambassadeur
Proposez cet hymen vous-même à sa grandeur.
Je seconderai Rome, et veux vous introduire.
Puisqu'elle est en nos mains l'amour ne nous peut nuire.
Allons de sa réponse à votre compliment
Prendre l'occasion de parler hautement.

ACTE TROISIÈME.

SCÈNE I.
PRUSIAS, FLAMINIUS, LAODICE.

PRUSIAS.

Reine, puisque ce titre a pour vous tant de charmes,
Sa perte vous devroit donner quelques alarmes :
Qui tranche trop du roi ne règne pas long-temps.

LAODICE.

J'observerai, seigneur, ces avis importans ;
Et si jamais je règne on verra la pratique
D'une si salutaire et noble politique.

PRUSIAS.

Vous vous mettez fort mal au chemin de régner.

LAODICE.

Seigneur, si je m'égare on peut me l'enseigner.

PRUSIAS.

Vous méprisez trop Rome, et vous devriez faire
Plus d'estime d'un roi qui vous tient lieu de père.

LAODICE.

Vous verriez qu'à tous deux je rends ce que je doi
Si vous vouliez mieux voir ce que c'est qu'être roi.
Recevoir ambassade en qualité de reine
Ce seroit à vos yeux faire la souveraine,
Entreprendre sur vous, et dedans votre état
Sur votre autorité commettre un attentat.
Je la refuse donc, seigneur, et me dénie
L'honneur qui ne m'est dû que dans mon Arménie.

ACTE III, SCÈNE I.

C'est là que sur mon trône avec plus de splendeur
Je puis honorer Rome en son ambassadeur,
Faire réponse en reine, et comme le mérite
Et de qui l'on me parle et qui m'en sollicite.
Ici c'est un métier que je n'entends pas bien,
Car hors de l'Arménie enfin je ne suis rien :
Et ce grand nom de reine ailleurs ne m'autorise
Qu'à n'y voir point de trône à qui je sois soumise,
A vivre indépendante, et n'avoir en tous lieux
Pour souverains que moi, la raison et les dieux.

PRUSIAS.

Ces dieux vos souverains et le roi votre père
De leur pouvoir sur vous m'ont fait dépositaire ;
Et vous pourrez peut-être apprendre une autre fois
Ce que c'est en tous lieux que la raison des rois.
Pour en faire l'épreuve, allons en Arménie :
Je vais vous y remettre en bonne compagnie.
Partons, et dès demain, puisque vous le voulez :
Préparez-vous à voir vos pays désolés,
Préparez-vous à voir par toute votre terre
Ce qu'ont de plus affreux les fureurs de la guerre,
Des montagnes de morts, des rivières de sang.

LAODICE.

Je perdrai mes états et garderai mon rang ;
Et ces vastes malheurs où mon orgueil me jette
Me feront votre esclave et non votre sujette :
Ma vie est en vos mains, mais non ma dignité.

PRUSIAS.

Nous ferons bien changer ce courage indompté ;
Et, quand vos yeux frappés de toutes ces misères
Verront Attale assis au trône de vos pères,
Alors peut-être, alors vous le prierez en vain
Que pour y remonter il vous donne la main.

IV.   13

LAODICE.

Si jamais jusque là votre guerre m'engage,
Je serai bien changée et d'ame et de courage.
Mais peut-être, seigneur, vous n'irez pas si loin :
Les dieux de ma fortune auront un peu de soin ;
Ils vous inspireront, ou trouveront un homme
Contre tant de héros que vous prêtera Rome.

PRUSIAS.

Sur un présomptueux vous fondez votre appui ;
Mais il court à sa perte, et vous traîne avec lui.
Pensez-y bien, madame, et faites-vous justice ;
Choisissez d'être reine ou d'être Laodice,
Et, pour dernier avis que vous aurez de moi,
Si vous voulez régner faites Attale roi.
Adieu.

SCÈNE II.

FLAMINIUS, LAODICE.

FLAMINIUS.

Madame, enfin une vertu parfaite...

LAODICE.

Suivez le roi, seigneur, votre ambassade est faite ;
Et je vous dis encor, pour ne vous point flatter,
Qu'ici je ne la dois ni la veux écouter.

FLAMINIUS.

Et je vous parle aussi, dans ce péril extrême,
Moins en ambassadeur qu'en homme qui vous aime,
Et qui, touché du sort que vous vous préparez,
Tâche à rompre le cours des maux où vous courez.
J'ose donc, comme ami, vous dire en confidence
Qu'une vertu parfaite a besoin de prudence,
Et doit considérer pour son propre intérêt
Et les temps où l'on vit, et les lieux où l'on est.

La grandeur de courage en une âme royale
N'est sans cette vertu qu'une vertu brutale,
Que son mérite aveugle, et qu'un faux jour d'honneur
Jette en un tel divorce avec le vrai bonheur
Qu'elle-même se livre à ce qu'elle doit craindre,
Ne se fait admirer que pour se faire plaindre,
Que pour nous pouvoir dire après un grand soupir :
« J'avois droit de régner, et n'ai su m'en servir. »
Vous irritez un roi dont vous voyez l'armée
Nombreuse, obéissante, à vaincre accoutumée.
Vous êtes en ses mains, vous vivez dans sa cour.

LAODICE.

Je ne sais si l'honneur eut jamais un faux jour,
Seigneur ; mais je veux bien vous répondre en amie.
Ma prudence n'est pas tout à fait endormie ;
Et, sans examiner par quel destin jaloux
La grandeur de courage est si mal avec vous,
Je veux vous faire voir que celle que j'étale
N'est pas tant qu'il vous semble une vertu brutale ;
Que si j'ai droit au trône elle s'en veut servir,
Et sait bien repousser qui me le veut ravir.
Je vois sur la frontière une puissante armée,
Comme vous l'avez dit, à vaincre accoutumée,
Mais par quelle conduite et sous quel général ?
Le roi, s'il s'en fait fort, pourroit s'en trouver mal :
Et s'il vouloit passer de son pays au nôtre
Je lui conseillerois de s'assurer d'un autre.
Mais je vis dans sa cour, je suis dans ses états,
Et j'ai peu de raison de ne le craindre pas !
Seigneur, dans sa cour même et hors de l'Arménie
La vertu trouve appui contre la tyrannie ;
Tout son peuple a des yeux pour voir quel attentat
Font sur le bien public les maximes d'état :
Il connoît Nicomède, il connoît sa marâtre ;

Il en sait, il en voit la haine opiniâtre,
Il voit la servitude où le roi s'est soumis,
Et connoît d'autant mieux les dangereux amis.
Pour moi que vous croyez au bord du précipice,
Bien loin de mépriser Attale par caprice,
J'évite les mépris qu'il recevroit de moi
S'il tenoit de ma main la qualité de roi :
Je le regarderois comme une ame commune,
Comme un homme mieux né pour une autre fortune,
Plus mon sujet qu'époux; et le nœud conjugal
Ne le tireroit pas de ce rang inégal.
Mon peuple à mon exemple en feroit peu d'estime.
Ce seroit trop, seigneur, pour un cœur magnanime :
Mon refus lui fait grâce; et malgré ses désirs
J'épargne à sa vertu d'éternels déplaisirs.

FLAMINIUS.

Si vous me dites vrai, vous êtes ici reine :
Sur l'armée et la cour je vous vois souveraine;
Le roi n'est qu'une idée, et n'a de son pouvoir
Que ce que par pitié vous lui laissez avoir.
Quoi! même vous allez jusques à faire grâce!
Après cela, madame, excusez mon audace;
Souffrez que Rome enfin vous parle par ma voix :
Recevoir ambassade est encor de vos droits;
Ou si ce nom vous choque ailleurs qu'en Arménie
Comme simple Romain souffrez que je vous die
Qu'être allié de Rome et s'en faire un appui
C'est l'unique moyen de régner aujourd'hui;
Que c'est par là qu'on tient ses voisins en contrainte,
Ses peuples en repos, ses ennemis en crainte;
Qu'un prince est dans son trône à jamais affermi
Quand il est honoré du nom de son ami;
Qu'Attale avec ce titre est plus roi, plus monarque
Que tous ceux dont le front ose en porter la marque,
Et qu'enfin...

LAODICE.

Il suffit, je vois bien ce que c'est :
Tous les rois ne sont rois qu'autant comme il vous plaît;
Mais si de leurs états Rome à son gré dispose,
Certes pour son Attale elle fait peu de chose;
Et qui tient en sa main tant de quoi lui donner
A mendier pour lui devroit moins s'obstiner.
Pour un prince si cher sa réserve m'étonne :
Que ne me l'offre-t-elle avec une couronne?
C'est trop m'importuner en faveur d'un sujet,
Moi qui tiendrois un roi pour un indigne objet
S'il venoit par votre ordre, et si votre alliance
Souilloit entre ses mains la suprême puissance.
Ce sont des sentimens que je ne puis trahir :
Je ne veux point de rois qui sachent obéir ;
Et, puisque vous voyez mon ame tout entière,
Seigneur, ne perdez plus menace ni prière.

FLAMINIUS.

Puis-je ne pas vous plaindre en cet aveuglement?
Madame, encore un coup, pensez-y mûrement :
Songez mieux ce qu'est Rome, et ce qu'elle peut faire,
Et si vous vous aimez craignez de lui déplaire.
Carthage étant détruite, Antiochus défait,
Rien de nos volontés ne peut troubler l'effet :
Tout fléchit sur la terre, et tout tremble sur l'onde;
Et Rome est aujourd'hui la maîtresse du monde.

LAODICE.

La maîtresse du monde! Ah! vous me feriez peur
S'il ne s'en falloit pas l'Arménie et mon cœur,
Si le grand Annibal n'avoit qui lui succède,
S'il ne revivoit pas au prince Nicomède,
Et s'il n'avoit laissé dans de si dignes mains
L'infaillible secret de vaincre les Romains.
Un si vaillant disciple aura bien le courage

D'en mettre jusqu'au bout les leçons en usage :
L'Asie en fait l'épreuve, où trois sceptres conquis
Font voir en quelle école il en a tant appris.
Ce sont des coups d'essai, mais si grands que peut-être
Le Capitole a lieu d'en craindre un coup de maître,
Et qu'il ne puisse un jour...

FLAMINIUS.

Ce jour est encor loin,
Madame ; et quelques-uns vous diront au besoin
Quels dieux du haut en bas renversent les profanes,
Et que même au sortir de Trébie et de Cannes
Son ombre épouvanta votre grand Annibal.
Mais le voici ce bras à Rome si fatal.

SCÈNE III.

NICOMÈDE, LAODICE, FLAMINIUS.

NICOMÈDE.

Ou Rome à ses agens donne un pouvoir bien large,
Ou vous êtes bien long à faire votre charge.

FLAMINIUS.

Je sais quel est mon ordre ; et si j'en sors ou non
C'est à d'autres qu'à vous que j'en rendrai raison.

NICOMÈDE.

Allez-y donc de grâce, et laissez à ma flamme
Le bonheur à son tour d'entretenir madame :
Vous avez dans son cœur fait de si grands progrès,
Et vos discours pour elle ont de si grands attraits
Que sans de grands efforts je n'y pourrai détruire
Ce que votre harangue y vouloit introduire.

FLAMINIUS.

Les malheurs où la plonge une indigne amitié
Me faisoient lui donner un conseil par pitié.

ACTE III, SCÈNE III.

NICOMÈDE.
Lui donner de la sorte un conseil charitable
C'est être ambassadeur et tendre et pitoyable.
Vous a-t-il conseillé beaucoup de lâchetés,
Madame ?

FLAMINIUS.
Ah ! c'en est trop, et vous vous emportez.

NICOMÈDE.
Je m'emporte ?

FLAMINIUS.
Sachez qu'il n'est point de contrée
Où d'un ambassadeur la dignité sacrée...

NICOMÈDE.
Ne nous vantez plus tant son rang et sa splendeur.
Qui fait le conseiller n'est plus ambassadeur ;
Il excède sa charge, et lui-même y renonce.
Mais, dites-moi, madame, a-t-il eu sa réponse ?

LAODICE.
Oui, seigneur.

NICOMÈDE.
Sachez donc que je ne vous prends plus
Que pour l'agent d'Attale et pour Flaminius ;
Et si vous me fâchiez j'ajouterois peut-être
Que pour l'empoisonneur d'Annibal, de mon maître.
Voilà tous les honneurs que vous aurez de moi ;
S'ils ne vous satisfont allez vous plaindre au roi.

FLAMINIUS.
Il me fera justice encor qu'il soit bon père ;
Ou Rome à son refus se la saura bien faire.

NICOMÈDE.
Allez de l'un et l'autre embrasser les genoux.

FLAMINIUS.
Les effets répondront. Prince, pensez à vous.

NICOMÈDE.
Cet avis est plus propre à donner à la reine.

SCÈNE IV.

NICOMÈDE, LAODICE.

NICOMÈDE.
Ma générosité cède enfin à la haine :
Je l'épargnois assez pour ne découvrir pas
Les infâmes projets de ses assassinats ;
Mais enfin on m'y force, et tout son crime éclate.
J'ai fait entendre au roi Zénon et Métrobate ;
Et comme leur rapport a de quoi l'étonner
Lui-même il prend le soin de les examiner.

LAODICE.
Je ne sais pas, seigneur, quelle en sera la suite ;
Mais je ne comprends point toute cette conduite,
Ni comme à cet éclat la reine vous contraint.
Plus elle vous doit craindre, et moins elle vous craint ;
Et plus vous la pouvez accabler d'infamie,
Plus elle vous attaque en mortelle ennemie.

NICOMÈDE.
Elle prévient ma plainte et cherche adroitement
A la faire passer pour un ressentiment ;
Et ce masque trompeur de fausse hardiesse
Nous déguise sa crainte et couvre sa foiblesse.

LAODICE.
Les mystères de cour souvent sont si cachés
Que les plus clairvoyans y sont bien empêchés.
Lorsque vous n'étiez point ici pour me défendre
Je n'avois contre Attale aucun combat à rendre ;
Rome ne songeoit point à troubler notre amour.
Bien plus, on ne vous souffre ici que ce seul jour ;

Et dans ce même jour Rome en votre présence
Avec chaleur pour lui presse mon alliance.
Pour moi je ne vois goutte en ce raisonnement,
Qui n'attend point le temps de votre éloignement;
Et j'ai devant les yeux toujours quelque nuage
Qui m'offusque la vue et m'y jette un ombrage.
Le roi chérit sa femme, il craint Rome; et pour vous,
S'il ne voit vos hauts faits d'un œil un peu jaloux,
Du moins à dire tout je ne saurois vous taire
Qu'il est trop bon mari pour être assez bon père.
Voyez quel contretemps Attale prend ici!
Qui l'appelle avec nous? quel projet? quel souci?
Je conçois mal, seigneur, ce qu'il faut que j'en pense;
Mais j'en romprai le coup s'il y faut ma présence.
Je vous quitte.

SCÈNE V.

NICOMÈDE, ATTALE, LAODICE.

ATTALE.

Madame, un si doux entretien
N'est plus charmant pour vous quand j'y mêle le mien.

LAODICE.

Votre importunité, que j'ose dire extrême,
Me peut entretenir en un autre moi-même:
Il connoît tout mon cœur, et répondra pour moi
Comme à Flaminius il a fait pour le roi.

SCÈNE VI.

NICOMÈDE, ATTALE.

ATTALE.

Puisque c'est la chasser, seigneur, je me retire,

NICOMÈDE.
Non, non; j'ai quelque chose aussi bien à vous dire,
Prince. J'avois mis bas avec le nom d'aîné
L'avantage du trône où je suis destiné;
Et voulant seul ici défendre ce que j'aime,
Je vous avois prié de l'attaquer de même,
Et de ne mêler point surtout dans vos desseins
Ni le secours du roi ni celui des Romains;
Mais ou vous n'avez pas la mémoire fort bonne,
Ou vous n'y mettez rien de ce qu'on vous ordonne.

ATTALE.
Seigneur, vous me forcez à m'en souvenir mal
Quand vous n'achevez pas de rendre tout égal.
Vous vous défaites bien de quelques droits d'aînesse;
Mais vous défaites-vous du cœur de la princesse,
De toutes les vertus qui vous en font aimer,
Des hautes qualités qui savent tout charmer,
De trois sceptres conquis, du gain de six batailles,
Des glorieux assauts de plus de cent murailles?
Avec de tels seconds rien n'est pour vous douteux.
Rendez donc la princesse égale entre nous deux:
Ne lui laissez plus voir ce long amas de gloire
Qu'à pleines mains sur vous a versé la victoire;
Et faites qu'elle puisse oublier une fois
Et vos rares vertus et vos fameux exploits:
Ou contre son amour, contre votre vaillance
Souffrez Rome et le roi dedans l'autre balance:
Le peu qu'ils ont gagné vous fait assez juger
Qu'ils n'y mettront jamais qu'un contrepoids léger.

NICOMÈDE.
C'est n'avoir pas perdu tout votre temps à Rome
Que vous savoir ainsi défendre en galant homme.
Vous avez de l'esprit si vous n'avez du cœur.

SCÈNE VII.
ARSINOÉ, NICOMÈDE, ATTALE, ARASPE.

ARASPE.
Seigneur, le roi vous mande.
NICOMÈDE.
Il me mande?
ARASPE.
Oui, seigneur.
ARSINOÉ.
Prince, la calomnie est aisée à détruire.
NICOMÈDE.
J'ignore à quel sujet vous m'en venez instruire,
Moi qui ne doute point de cette vérité,
Madame.
ARSINOÉ.
Si jamais vous n'en aviez douté,
Prince, vous n'auriez pas sous l'espoir qui vous flatte
Amené de si loin Zénon et Métrobate.
NICOMÈDE.
Je m'obstinois, madame, à tout dissimuler ;
Mais vous m'avez forcé de les faire parler.
ARSINOÉ.
La vérité les force, et mieux que vos largesses.
Ces hommes du commun tiennent mal leurs promesses :
Tous deux en ont plus dit qu'ils n'avoient résolu.
NICOMÈDE.
J'en suis fâché pour vous ; mais vous l'avez voulu.
ARSINOÉ.
Je le veux bien encore, et je n'en suis fâchée
Que d'avoir vu par là votre vertu tachée,
Et qu'il faille ajouter à vos titres d'honneur
La noble qualité de mauvais suborneur.

NICOMÈDE.
Je les ai subornés contre vous à ce compte?
ARSINOÉ.
J'en ai le déplaisir, vous en aurez la honte.
NICOMÈDE.
Et vous pensez par là leur ôter tout crédit?
ARSINOÉ.
Non, seigneur : je me tiens à ce qu'ils en ont dit.
NICOMÈDE.
Qu'ont-ils dit qui vous plaise et que vous vouliez croire?
ARSINOÉ.
Deux mots de vérité qui vous comblent de gloire.
NICOMÈDE.
Peut-on savoir de vous ces deux mots importans?
ARASPE.
Seigneur, le roi s'ennuie, et vous tardez long-temps.
ARSINOÉ.
Vous les saurez de lui ; c'est trop le faire attendre.
NICOMÈDE.
Je commence, madame, enfin à vous entendre :
Son amour conjugal chassant le paternel
Vous fera l'innocente, et moi le criminel.
Mais...
ARSINOÉ.
Achevez, seigneur ; ce mais que veut-il dire?
NICOMÈDE.
Deux mots de vérité qui font que je respire.
ARSINOÉ.
Peut-on savoir de vous ces deux mots importans ?
NICOMÈDE.
Vous les saurez du roi, je tarde trop long-temps.

SCÈNE VIII.

ARSINOÉ, ATTALE.

ARSINOÉ.

Nous triomphons, Attale ; et ce grand Nicomède
Voit quelle digne issue à ses fourbes succède.
Les deux accusateurs que lui-même a produits,
Que pour l'assassiner je dois avoir séduits,
Pour me calomnier subornés par lui-même,
N'ont su bien soutenir un si noir stratagème :
Tous deux m'ont accusée, et tous deux avoué
L'infâme et lâche tour qu'un prince m'a joué.
Qu'en présence des rois les vérités sont fortes !
Que pour sortir d'un cœur elles trouvent de portes !
Qu'on en voit le mensonge aisément confondu !
Tous deux vouloient me perdre, et tous deux l'ont perdu.

ATTALE.

Je suis ravi de voir qu'une telle imposture
Ait laissé votre gloire et plus grande et plus pure ;
Mais pour l'examiner et bien voir ce que c'est,
Si vous pouviez vous mettre un peu hors d'intérêt,
Vous ne pourriez jamais sans un peu de scrupule
Avoir pour deux méchans une ame si crédule.
Ces perfides tous deux se sont dits aujourd'hui
Et subornés par vous et subornés par lui.
Contre tant de vertus, contre tant de victoires
Doit-on quelque croyance à des ames si noires ?
Qui se confesse traître est indigne de foi.

ARSINOÉ.

Vous êtes généreux, Attale, et je le voi ;
Même de vos rivaux la gloire vous est chère.

ATTALE.

Si je suis son rival je suis aussi son frère :
Nous ne sommes qu'un sang; et ce sang dans mon cœur
A peine à le passer pour calomniateur.

ARSINOÉ.

Et vous en avez moins à me croire assassine,
Moi dont la perte est sûre à moins que sa ruine?

ATTALE.

Si contre lui j'ai peine à croire ces témoins,
Quand ils vous accusoient je les croyois bien moins.
Votre vertu, madame, est au dessus du crime :
Souffrez donc que pour lui je garde un peu d'estime.
La sienne dans la cour lui fait mille jaloux,
Dont quelqu'un a voulu le perdre auprès de vous;
Et ce lâche attentat n'est qu'un trait de l'envie
Qui s'efforce à noircir une si belle vie.
Pour moi, si par soi-même on peut juger d'autrui,
Ce que je sens en moi je le présume en lui.
Contre un si grand rival j'agis à force ouverte,
Sans blesser son honneur, sans pratiquer sa perte;
J'emprunte du secours, et le fais hautement ;
Je crois qu'il n'agit pas moins généreusement,
Qu'il n'a que les desseins où sa gloire l'invite,
Et n'oppose à mes vœux que son propre mérite.

ARSINOÉ.

Vous êtes peu du monde, et savez mal la cour.

ATTALE.

Est-ce autrement qu'en prince on doit traiter l'amour?

ARSINOÉ.

Vous le traitez, mon fils, et parlez en jeune homme.

ATTALE.

Madame, je n'ai vu que des vertus à Rome.

ARSINOÉ.

Le temps vous apprendra par de nouveaux emplois
Quelles vertus il faut à la suite des rois.
Cependant, si le prince est encor votre frère,
Souvenez-vous aussi que je suis votre mère ;
Et, malgré les soupçons que vous avez conçus,
Venez savoir du roi ce qu'il croit là-dessus.

ACTE QUATRIÈME.

SCÈNE I.
PRUSIAS, ARSINOÉ, ARASPE.

PRUSIAS.

Faites venir le prince, Araspe.
(Araspe rentre.)
                        Et vous, madame,
Retenez des soupirs dont vous me percez l'ame.
Quel besoin d'accabler mon cœur de vos douleurs
Quand vous y pouvez tout sans le secours des pleurs?
Quel besoin que ces pleurs prennent votre défense?
Douté-je de son crime ou de votre innocence?
Et reconnoissez-vous que tout ce qu'il m'a dit
Par quelque impression ébranle mon esprit?

ARSINOÉ.

Ah! seigneur, est-il rien qui répare l'injure
Que fait à l'innocence un moment d'imposture?
Et peut-on voir mensonge assez tôt avorté
Pour rendre à la vertu toute sa pureté?
Il en reste toujours quelque indigne mémoire
Qui porte une souillure à la plus haute gloire.
Combien en votre cœur est-il de médisans!
Combien le prince a-t-il d'aveugles partisans,
Qui, sachant une fois qu'on m'a calomniée,
Croiront que votre amour m'a seul justifiée!
Et, si la moindre tache en demeure à mon nom,
Si le moindre du peuple en conserve un soupçon,

Suis-je digne de vous? et de telles alarmes
Touchent-elles trop peu pour mériter mes larmes?

PRUSIAS.

Ah! c'est trop de scrupule et trop mal présumer
D'un mari qui vous aime et qui doit vous aimer.
La gloire est plus solide après la calomnie,
Et brille d'autant mieux qu'elle s'en vit ternie.
Mais voici Nicomède, et je veux qu'aujourd'hui...

SCÈNE II.

PRUSIAS, ARSINOÉ, NICOMÈDE, ARASPE, GARDES.

ARSINOÉ.

Grâce, grâce, seigneur, à notre unique appui!
Grâce à tant de lauriers en sa main si fertiles!
Grâce à ce conquérant, à ce preneur de villes!
Grâce...

NICOMÈDE.

De quoi, madame? est-ce d'avoir conquis
Trois sceptres que ma perte expose à votre fils;
D'avoir porté si loin vos armes dans l'Asie
Que même votre Rome en a pris jalousie;
D'avoir trop soutenu la majesté des rois,
Trop rempli votre cour du bruit de mes exploits,
Trop du grand Annibal pratiqué les maximes?
S'il faut grâce pour moi, choisissez de mes crimes;
Les voilà tous, madame; et si vous y joignez
D'avoir cru des méchans par quelque autre gagnés;
D'avoir une ame ouverte, une franchise entière,
Qui dans leur artifice a manqué de lumière,
C'est gloire et non pas crime à qui ne voit le jour
Qu'au milieu d'une armée et loin de votre cour,

Qui n'a que la vertu de son intelligence,
Et, vivant sans remords, marche sans défiance.

ARSINOÉ.

Je m'en dédis, seigneur ; il n'est point criminel.
S'il m'a voulu noircir d'un opprobre éternel
Il n'a fait qu'obéir à la haine ordinaire
Qu'imprime à ses pareils le nom de belle-mère.
De cette aversion son cœur préoccupé
M'impute tous les traits dont il se sent frappé.
Que son maître Annibal malgré la foi publique
S'abandonne aux fureurs d'une terreur panique ;
Que ce vieillard confie et gloire et liberté
Plutôt au désespoir qu'à l'hospitalité ;
Ces terreurs, ces fureurs sont de mon artifice.
Quelque appas que lui-même il trouve en Laodice,
C'est moi qui fais qu'Attale a des yeux comme lui ;
C'est moi qui force Rome à lui servir d'appui ;
De cette seule main part tout ce qui le blesse :
Et, pour venger ce maître et sauver sa maîtresse,
S'il a tâché, seigneur, de m'éloigner de vous,
Tout est trop excusable en un amant jaloux.
Ce foible et vain effort ne touche point mon ame.
Je sais que tout mon crime est d'être votre femme,
Que ce nom seul l'oblige à me persécuter ;
Car enfin hors de là que peut-il m'imputer ?
Ma voix, depuis dix ans qu'il commande une armée,
A-t-elle refusé d'enfler sa renommée ?
Et, lorsqu'il l'a fallu puissamment secourir,
Que la moindre longueur l'auroit laissé périr,
Quel autre a mieux pressé les secours nécessaires ?
Qui l'a mieux dégagé de ses destins contraires ?
A-t-il eu près de vous un plus soigneux agent
Pour hâter les renforts et d'hommes et d'argent ?
Vous le savez, seigneur ; et pour reconnoissance,

Après l'avoir servi de toute ma puissance,
Je vois qu'il a voulu me perdre auprès de vous.
Mais tout est excusable en un amant jaloux,
Je vous l'ai déjà dit.

PRUSIAS.
Ingrat ! que peux-tu dire ?

NICOMÈDE.
Que la reine a pour moi des bontés que j'admire.
Je ne vous dirai point que ces puissans secours
Dont elle a conservé mon honneur et mes jours,
Et qu'avec tant de pompe à vos yeux elle étale,
Travailloient par ma main à la grandeur d'Attale ;
Que par mon propre bras elle amassoit pour lui
Et préparoit dès lors ce qu'on voit aujourd'hui.
Par quelques sentimens qu'elle ait été poussée,
J'en laisse le ciel juge, il connoît sa pensée ;
Il sait pour mon salut comme elle a fait des vœux ;
Il lui rendra justice, et peut-être à tous deux.
Cependant puisque enfin l'apparence est si belle,
Elle a parlé pour moi, je dois parler pour elle,
Et pour son intérêt vous faire souvenir
Que vous laissez long-temps deux méchans à punir.
Envoyez Métrobate et Zénon au supplice.
Sa gloire attend de vous ce digne sacrifice ;
Tous deux l'ont accusée ; et, s'ils s'en sont dédits
Pour la faire innocente et charger votre fils,
Ils n'ont rien fait pour eux, et leur mort est trop juste
Après s'être joués d'un personnage auguste.
L'offense une fois faite à ceux de notre rang
Ne se répare point que par des flots de sang :
On n'en fut jamais quitte ainsi pour s'en dédire.
Il faut sous les tourmens que l'imposture expire,
Ou vous exposeriez tout votre sang royal
A la légèreté d'un esprit déloyal.

L'exemple est dangereux, et hasarde nos vies
S'il met en sûreté de telles calomnies.
ARSINOÉ.
Quoi! seigneur, les punir de la sincérité
Qui soudain dans leur bouche a mis la vérité,
Qui vous a contre moi sa fourbe découverte,
Qui vous rend votre femme et m'arrache à ma perte,
Qui vous a retenu d'en prononcer l'arrêt ;
Et couvrir tout cela de mon seul intérêt !
C'est être trop adroit, prince, et trop bien l'entendre.
PRUSIAS.
Laisse là Métrobate, et songe à te défendre.
Purge-toi d'un forfait si honteux et si bas.
NICOMÈDE.
M'en purger ! moi, seigneur ! vous ne le croyez pas :
Vous ne savez que trop qu'un homme de ma sorte
Quand il se rend coupable un peu plus haut se porte ;
Qu'il lui faut un grand crime à tenter son devoir,
Où sa gloire se sauve à l'ombre du pouvoir.
Soulever votre peuple et jeter votre armée
Dedans les intérêts d'une reine opprimée ;
Venir le bras levé la tirer de vos mains,
Malgré l'amour d'Attale et l'effort des Romains,
Et fondre en vos pays contre leur tyrannie
Avec tous vos soldats et toute l'Arménie,
C'est ce que pourroit faire un homme tel que moi
S'il pouvoit se résoudre à vous manquer de foi.
La fourbe n'est le jeu que des petites âmes,
Et c'est là proprement le partage des femmes.
Punissez donc, seigneur, Métrobate et Zénon ;
Pour la reine ou pour moi faites-vous-en raison.
A ce dernier moment la conscience presse ;
Pour rendre compte aux dieux tout respect humain cesse
Et ces esprits légers approchant des abois

ACTE IV, SCÈNE II.

Pourroient bien se dédire une seconde fois.
ARSINOÉ.
Seigneur...
NICOMÈDE.
Parlez, madame, et dites quelle cause
A leur juste supplice obstinément s'oppose ;
Ou laissez-nous penser qu'aux portes du trépas
Ils auroient des remords qui ne vous plairoient pas.
ARSINOÉ.
Vous voyez à quel point sa haine m'est cruelle ;
Quand je le justifie il me fait criminelle.
Mais sans doute, seigneur, ma présence l'aigrit,
Et mon éloignement remettra son esprit ;
Il rendra quelque calme à son cœur magnanime,
Et lui pourra sans doute épargner plus d'un crime.
Je ne demande point que par compassion
Vous assuriez un sceptre à ma protection,
Ni que pour garantir la personne d'Attale
Vous partagiez entre eux la puissance royale ;
Si vos amis de Rome en ont pris quelque soin,
C'étoit sans mon aveu, je n'en ai pas besoin :
Je n'aime point si mal que de ne vous pas suivre
Sitôt qu'entre mes bras vous cesserez de vivre ;
Et sur votre tombeau mes premières douleurs
Verseront tout ensemble et mon sang et mes pleurs.
PRUSIAS.
Ah ! madame !
ARSINOÉ.
Oui, seigneur, cette heure infortunée
Par vos derniers soupirs clorra ma destinée ;
Et puisqu'ainsi jamais il ne sera mon roi
Qu'ai-je à craindre de lui ? que peut-il contre moi ?
Tout ce que je demande en faveur de ce gage,
De ce fils qui déjà lui donne tant d'ombrage,
C'est que chez les Romains il retourne achever

Des jours que dans leur sein vous fîtes élever,
Qu'il retourne y traîner sans péril et sans gloire
De votre amour pour moi l'impuissante mémoire.
Ce grand prince vous sert et vous servira mieux
Quand il n'aura plus rien qui lui blesse les yeux.
Et n'appréhendez point Rome ni sa vengeance;
Contre tout son pouvoir il a trop de vaillance;
Il sait tous les secrets du fameux Annibal,
De ce héros à Rome en tous lieux si fatal
Que l'Asie et l'Afrique admirent l'avantage
Qu'en tire Antiochus et qu'en reçut Carthage.
Je me retire donc afin qu'en liberté
Les tendresses du sang pressent votre bonté,
Et je ne veux plus voir ni qu'en votre présence
Un prince que j'estime indignement m'offense
Ni que je sois forcée à vous mettre en courroux
Contre un fils si vaillant et si digne de vous.

SCÈNE III.

PRUSIAS, NICOMÈDE, ARASPE.

PRUSIAS.

Nicomède, en deux mots, ce désordre me fâche;
Quoi qu'on l'ose imputer, je ne te crois point lâche;
Mais donnons quelque chose à Rome, qui se plaint,
Et tâchons d'assurer la reine, qui te craint.
J'ai tendresse pour toi, j'ai passion pour elle,
Et je ne veux pas voir cette haine éternelle,
Ni que des sentimens que j'aime à voir durer
Ne régnent dans mon cœur que pour le déchirer.
J'y veux mettre d'accord l'amour et la nature,
Etre père et mari dans cette conjoncture...

NICOMÈDE.

Seigneur, voulez-vous bien vous en fier à moi?
Ne soyez l'un ni l'autre.

ACTE IV, SCÈNE III.

PRUSIAS.
Et que dois-je être ?

NICOMÈDE.
Roi.
Reprenez hautement ce noble caractère.
Un véritable roi n'est ni mari ni père ;
Il regarde son trône et rien de plus. Régnez,
Rome vous craindra plus que vous ne la craignez.
Malgré cette puissance et si vaste et si grande
Vous pouvez déjà voir comme elle m'appréhende,
Combien en me perdant elle espère gagner
Parcequ'elle prévoit que je saurai régner.

PRUSIAS.
Je règne donc, ingrat ! puisque tu me l'ordonnes.
Choisis ou Laodice ou mes quatre couronnes ;
Ton roi fait ce partage entre ton frère et toi ;
Je ne suis plus ton père, obéis à ton roi.

NICOMÈDE.
Si vous étiez aussi le roi de Laodice
Pour l'offrir à mon choix avec quelque justice
Je vous demanderois le loisir d'y penser ;
Mais enfin, pour vous plaire et ne pas l'offenser,
J'obéirai, seigneur, sans répliques frivoles
A vos intentions et non à vos paroles.
A ce frère si cher transportez tous mes droits,
Et laissez Laodice en liberté du choix.
Voilà quel est le mien.

PRUSIAS.
Quelle bassesse d'ame !
Quelle fureur t'aveugle en faveur d'une femme !
Tu la préfères, lâche ! à ces prix glorieux
Que ta valeur unit au bien de tes aïeux !
Après cette infamie es-tu digne de vivre ?

NICOMÈDE.
Je crois que votre exemple est glorieux à suivre.
Ne préférez-vous pas une femme à ce fils
Par qui tous ces états aux vôtres sont unis ?
PRUSIAS.
Me vois-tu renoncer pour elle au diadème ?
NICOMÈDE.
Me voyez-vous pour l'autre y renoncer moi-même ?
Que cédé-je à mon frère en cédant vos états ?
Ai-je droit d'y prétendre avant votre trépas ?
Pardonnez-moi ce mot, il est fâcheux à dire ;
Mais un monarque enfin comme un autre homme expire;
Et vos peuples alors, ayant besoin d'un roi,
Voudront choisir peut-être entre ce prince et moi.
Seigneur, nous n'avons pas si grande ressemblance
Qu'il faille de bons yeux pour y voir différence ;
Et ce vieux droit d'aînesse est souvent si puissant
Que pour remplir un trône il rappelle un absent.
Que si leurs sentimens se règlent sur les vôtres,
Sous le joug de vos lois j'en ai bien rangé d'autres,
Et dussent vos Romains en être encor jaloux
Je ferai bien pour moi ce que j'ai fait pour vous.
PRUSIAS.
J'y donnerai bon ordre.
NICOMÈDE.
Oui, si leur artifice
De votre sang par vous se fait un sacrifice;
Autrement vos états à ce prince livrés
Ne seront en ses mains qu'autant que vous vivrez.
Ce n'est point en secret que je vous le déclare,
Je le dis à lui-même afin qu'il s'y prépare,
Le voilà qui m'entend.
PRUSIAS.
Va, sans verser mon sang

ACTE IV, SCÈNE IV.

Je saurai bien, ingrat! l'assurer en ce rang,
Et demain...

SCÈNE IV.

PRUSIAS, NICOMÈDE, ATTALE, FLAMINIUS, ARASPE, GARDES.

FLAMINIUS.

Si pour moi vous êtes en colère,
Seigneur, je n'ai reçu qu'une offense légère ;
Le sénat en effet pourra s'en indigner,
Mais j'ai quelques amis qui sauront le gagner.

PRUSIAS.

Je lui ferai raison, et dès demain Attale
Recevra de ma main la puissance royale ;
Je le fais roi de Pont et mon seul héritier.
Et quant à ce rebelle, à ce courage fier,
Rome entre vous et lui jugera de l'outrage.
Je veux qu'au lieu d'Attale il lui serve d'otage,
Et pour l'y mieux conduire il vous sera donné
Sitôt qu'il aura vu son frère couronné.

NICOMÈDE.

Vous m'enverrez à Rome!

PRUSIAS.

On t'y fera justice.
Va, va lui demander ta chère Laodice.

NICOMÈDE.

J'irai, j'irai, seigneur, vous le voulez ainsi,
Et j'y serai plus roi que vous n'êtes ici.

FLAMINIUS.

Rome sait vos hauts faits, et déjà vous adore.

NICOMÈDE.

Tout beau, Flaminius, je n'y suis pas encore.

La route en est mal sûre, à tout considérer,
Et qui m'y conduira pourroit bien s'égarer.

PRUSIAS.

Qu'on le remène, Araspe, et redoublez sa garde.

(A Attale.)

Toi, rends grâces à Rome, et sans cesse regarde
Que, comme son pouvoir est la source du tien,
En perdant son appui tu ne seras plus rien.
Vous, seigneur, excusez si, me trouvant en peine
De quelques déplaisirs que m'a fait voir la reine,
Je vais l'en consoler et vous laisse avec lui.
Attale, encore un coup rends grâce à ton appui.

SCÈNE V.

FLAMINIUS, ATTALE.

ATTALE.

Seigneur, que vous dirai-je après des avantages
Qui sont même trop grands pour les plus grands courages?
Vous n'avez point de bornes, et votre affection
Passe votre promesse et mon ambition.
Je l'avouerai pourtant, le trône de mon père
Ne fait pas le bonheur que plus je considère;
Ce qui touche mon cœur, ce qui charme mes sens
C'est Laodice acquise à mes vœux innocens.
La qualité de roi qui me rend digne d'elle...

FLAMINIUS.

Ne rendra pas son cœur à vos vœux moins rebelle.

ATTALE.

Seigneur, l'occasion fait un cœur différent;
D'ailleurs c'est l'ordre exprès de son père mourant;
Et par son propre aveu la reine d'Arménie
Est due à l'héritier du roi de Bithynie.

FLAMINIUS.

Ce n'est pas loi pour elle, et, reine comme elle est,
Cet ordre à bien parler n'est que ce qu'il lui plaît.
Aimeroit-elle en vous l'éclat d'un diadème   [aime,]
Qu'on vous donne aux dépens d'un grand prince qu'elle
En vous qui la privez d'un si cher protecteur,
En vous qui de sa chute êtes l'unique auteur?

ATTALE.

Ce prince hors d'ici, seigneur, que fera-t-elle?
Qui contre Rome et nous soutiendra sa querelle?
Car j'ose me promettre encor votre secours.

FLAMINIUS.

Les choses quelquefois prennent un autre cours.
Pour ne vous point flatter je n'en veux pas répondre.

ATTALE.

Ce seroit bien, seigneur, de tout point me confondre,
Et je serois moins roi qu'un objet de pitié
Si le bandeau royal m'ôtoit votre amitié.
Mais je m'alarme trop, et Rome est plus égale.
N'en avez-vous pas l'ordre?

FLAMINIUS.

          Oui, pour le prince Attale,
Pour un homme en son sein nourri dès le berceau;
Mais pour le roi de Pont il faut ordre nouveau.

ATTALE.

Il faut ordre nouveau! Quoi! se pourroit-il faire
Qu'à l'œuvre de ses mains Rome devînt contraire,
Que ma grandeur naissante y fît quelques jaloux?

FLAMINIUS.

Que présumez-vous, prince? et que me dites-vous?

ATTALE.

Vous-même, dites-moi comme il faut que j'explique
Cette inégalité de votre république.

FLAMINIUS.

Je vais vous l'expliquer, et veux bien vous guérir
D'une erreur dangereuse où vous semblez courir.
Rome, qui vous servoit auprès de Laodice,
Pour vous donner son trône eût fait une injustice ;
Son amitié pour vous lui faisoit cette loi ;
Mais par d'autres moyens elle vous a fait roi,
Et le soin de sa gloire à présent la dispense
De se porter pour vous à cette violence.
Laissez donc cette reine en pleine liberté,
Et tournez vos désirs de quelque autre côté.
Rome de votre hymen prendra soin elle-même.

ATTALE.

Mais s'il arrive enfin que Laodice m'aime ?

FLAMINIUS.

Ce seroit mettre encor Rome dans le hasard
Que l'on crût artifice ou force de sa part ;
Cet hymen jetteroit une ombre sur sa gloire.
Prince, n'y pensez plus si vous m'en pouvez croire ;
Ou si de mes conseils vous faites peu d'état
N'y pensez plus du moins sans l'aveu du sénat.

ATTALE.

A voir quelle froideur à tant d'amour succède,
Rome ne m'aime pas, elle hait Nicomède ;
Et lorsqu'à mes désirs elle feint d'applaudir,
Elle a voulu le perdre, et non pas m'agrandir.

FLAMINIUS.

Pour ne vous faire pas de réponse trop rude
Sur ce beau coup d'essai de votre ingratitude.
Suivez votre caprice, offensez vos amis ;
Vous êtes souverain, et tout vous est permis.
Mais puisque enfin ce jour vous doit faire connoître
Que Rome vous a fait ce que vous allez être,
Que perdant son appui vous ne serez plus rien,

Que le roi vous l'a dit, souvenez-vous-en bien.

SCÈNE VI.
ATTALE.

Attale, étoit-ce ainsi que régnoient tes ancêtres ?
Veux-tu le nom de roi pour avoir tant de maîtres ?
Ah ! ce titre à ce prix déjà m'est importun ;
S'il nous en faut avoir, du moins n'en ayons qu'un.
Le ciel nous l'a donné trop grand, trop magnanime
Pour souffrir qu'aux Romains il serve de victime.
Montrons-leur hautement que nous avons des yeux,
Et d'un si rude joug affranchissons ces lieux.
Puisqu'à leurs intérêts tout ce qu'ils font s'applique,
Que leur vaine amitié cède à leur politique,
Soyons à notre tour de leur grandeur jaloux,
Et comme ils font pour eux faisons aussi pour nous.

ACTE CINQUIÈME.

SCÈNE I.

ARSINOÉ, ATTALE.

ARSINOÉ.

J'ai prévu ce tumulte, et n'en vois rien à craindre;
Comme un moment l'allume, un moment peut l'éteindre;
Et si l'obscurité laisse croître ce bruit
Le jour dissipera les vapeurs de la nuit.
Je me fâche bien moins qu'un peuple se mutine
Que de voir que ton cœur dans son amour s'obstine,
Et, d'une indigne ardeur lâchement embrasé,
Ne rend point de mépris à qui t'a méprisé.
Venge-toi d'une ingrate, et quitte une cruelle
A présent que le sort t'a mis au dessus d'elle :
Son trône et non ses yeux avoit dû te charmer.
Tu vas régner sans elle ; à quel propos l'aimer ?
Porte, porte ce cœur à de plus douces chaînes.
Puisque te voilà roi, l'Asie a d'autres reines
Qui, loin de te donner des rigueurs à souffrir,
T'épargneront bientôt la peine de t'offrir.

ATTALE.

Mais, madame...

ARSINOÉ.

Eh bien! soit, je veux qu'elle se rende:
Prévois-tu les malheurs qu'ensuite j'appréhende ?
Sitôt que d'Arménie elle t'aura fait roi
Elle t'engagera dans sa haine pour moi.
Mais, ô dieux ! pourra-t-elle y borner sa vengeance?

Pourras-tu dans son lit dormir en assurance?
Et refusera-t-elle à son ressentiment
Le fer ou le poison pour venger son amant?
Qu'est-ce qu'en sa fureur une femme n'essaie?

ATTALE.

Que de fausses raisons pour me cacher la vraie!
Rome, qui n'aime pas à voir un puissant roi,
L'a craint en Nicomède et le craindroit en moi.
Je ne dois plus prétendre à l'hymen d'une reine
Si je ne veux déplaire à notre souveraine;
Et puisque la fâcher ce seroit me trahir,
Afin qu'elle me souffre il vaut mieux obéir.
Je sais par quels moyens sa sagesse profonde
S'achemine à grands pas à l'empire du monde:
Aussitôt qu'un état devient un peu trop grand
Sa chute doit guérir l'ombrage qu'elle en prend.
C'est blesser les Romains que faire une conquête,
Que mettre trop de bras sous une seule tête;
Et leur guerre est trop juste après cet attentat
Que fait sur leur grandeur un tel crime d'état.
Eux qui pour gouverner sont les premiers des hommes,
Veulent que sous leur ordre on soit ce que nous sommes;
Veulent sur tous les rois un si haut ascendant
Que leur empire seul demeure indépendant.
Je les connois, madame, et j'ai vu cet ombrage
Détruire Antiochus et renverser Carthage.
De peur de choir comme eux, je veux bien m'abaisser,
Et cède à des raisons que je ne puis forcer:
D'autant plus justement mon impuissance y cède,
Que je vois qu'en leurs mains on livre Nicomède;
Un si grand ennemi leur répond de ma foi.
C'est un lion tout prêt à déchaîner sur moi.

ARSINOÉ.

C'est de quoi je voulois vous faire confidence.

Mais vous me ravissez d'avoir cette prudence.
Le temps pourra changer ; cependant prenez soin
D'assurer des jaloux dont vous avez besoin.

SCÈNE II.

PRUSIAS, ARSINOÉ, FLAMINIUS, ATTALE.

ARSINOÉ.

Seigneur, c'est remporter une haute victoire
Que de rendre un amant capable de me croire.
J'ai su le ramener aux termes du devoir,
Et sur lui la raison a repris son pouvoir.

FLAMINIUS.

Madame, voyez donc si vous serez capable
De rendre également ce peuple raisonnable.
Le mal croit, il est temps d'agir de votre part,
Ou quand vous le voudrez vous le voudrez trop tard.
Ne vous figurez plus que ce soit le confondre
Que de le laisser faire et ne lui pas répondre.
Rome autrefois a vu de ces émotions
Sans embrasser jamais vos résolutions.
Quand il falloit calmer toute une populace
Le sénat n'épargnoit promesse ni menace,
Et rappeloit par là son escadron mutin,
Et du mont Quirinal et du mont Aventin,
Dont il l'auroit vu faire une horrible descente
S'il eût traité long-temps sa fureur d'impuissante,
Et l'eût abandonnée à sa confusion,
Comme vous semblez faire en cette occasion.

ARSINOÉ.

Après ce grand exemple en vain on délibére :
Ce qu'a fait le sénat montre ce qu'il faut faire ;
Et le roi... Mais il vient.

SCÈNE III.

PRUSIAS, ARSINOÉ, FLAMINIUS, ATTALE.

PRUSIAS.
                    Je ne puis plus douter,
Seigneur, d'où vient le mal que je vois éclater :
Ces mutins ont pour chefs les gens de Laodice.
FLAMINIUS.
J'en avois soupçonné déjà son artifice.
ATTALE.
Ainsi votre tendresse et vos soins sont payés !
FLAMINIUS.
Seigneur, il faut agir ; et si vous m'en croyez...

SCÈNE IV.

PRUSIAS, ARSINOÉ, FLAMINIUS, ATTALE, CLÉONE.

CLÉONE.
Tout est perdu, madame, à moins d'un prompt remède ;
Tout le peuple à grands cris demande Nicomède ;
Il commence lui-même à se faire raison,
Et vient de déchirer Métrobate et Zénon.
ARSINOÉ.
Il n'est donc plus à craindre, il a pris ses victimes :
Sa fureur sur leur sang va consumer ses crimes ;
Elle s'applaudira de cet illustre effet,
Et croira Nicomède amplement satisfait.
FLAMINIUS.
Si ce désordre étoit sans chefs et sans conduite
Je voudrois comme vous en craindre moins les suites ;

Le peuple par leur mort pourroit s'être adouci :
Mais un dessein formé ne tombe pas ainsi ;
Il suit toujours son but jusqu'à ce qu'il l'emporte :
Le premier sang versé rend sa fureur plus forte ;
Il l'amorce, il l'acharne, il en éteint l'horreur,
Et ne lui laisse plus ni pitié ni terreur.

SCÈNE V.

PRUSIAS, FLAMINIUS, ARSINOÉ, ATTALE, CLÉONE, ARASPE.

ARASPE.

Seigneur, de tous côtés le peuple vient en foule ;
De moment en moment votre garde s'écoule ;
Et, suivant les discours qu'ici même j'entends,
Le prince entre mes mains ne sera pas long-temps :
Je n'en puis plus répondre.

PRUSIAS.

Allons, allons le rendre,
Ce précieux objet d'une amitié si tendre.
Obéissons, madame, à ce peuple sans foi,
Qui, las de m'obéir, en veut faire son roi ;
Et du haut d'un balcon, pour calmer la tempête,
Sur ses nouveaux sujets faisons voler sa tête.

ATTALE.

Ah ! seigneur !

PRUSIAS.

C'est ainsi qu'il lui sera rendu :
A qui le cherche ainsi c'est ainsi qu'il est dû.

ATTALE.

Ah ! seigneur, c'est tout perdre, et livrer à sa rage
Tout ce qui de plus près touche votre courage ;
Et j'ose dire ici que votre majesté
Aura peine elle-même à trouver sûreté.

ACTE V, SCÈNE V.

PRUSIAS.

Il faut donc se résoudre à tout ce qu'il m'ordonne.
Lui rendre Nicomède avecque ma couronne :
Je n'ai point d'autre choix ; et, s'il est le plus fort,
Je dois à son idole ou mon sceptre ou la mort.

FLAMINIUS.

Seigneur, quand ce dessein auroit quelque justice,
Est-ce à vous d'ordonner que ce prince périsse ?
Quel pouvoir sur ses jours vous demeure permis ?
C'est l'otage de Rome, et non plus votre fils :
Je dois m'en souvenir quand son père l'oublie.
C'est attenter sur nous qu'ordonner de sa vie ;
J'en dois compte au sénat, et n'y puis consentir.
Ma galère est au port toute prête à partir :
Le palais y répond par la porte secrète ;
Si vous le voulez perdre, agréez ma retraite ;
Souffrez que mon départ fasse connoître à tous
Que Rome a des conseils plus justes et plus doux ;
Et ne l'exposez pas à ce honteux outrage
De voir à ses yeux même immoler son otage.]

ARSINOÉ.

Me croirez-vous, seigneur ? et puis-je m'expliquer ?

PRUSIAS.

Ah! rien de votre part ne sauroit me choquer.
Parlez.

ARSINOÉ.

Le ciel m'inspire un dessein dont j'espère
Et satisfaire Rome et ne vous pas déplaire.
S'il est prêt à partir, il peut en ce moment
Enlever avec lui son otage aisément :
Cette porte secrète ici nous favorise.
Mais pour faciliter d'autant mieux l'entreprise,
Montrez-vous à ce peuple, et, flattant son courroux,
Amusez-le du moins à débattre avec vous ;

Faites-lui perdre temps tandis qu'en assurance
La galère s'éloigne avec son espérance.
S'il force le palais, et ne l'y trouve plus,
Vous ferez comme lui le surpris, le confus ;
Vous accuserez Rome, et promettrez vengeance
Sur quiconque sera de son intelligence.
Vous enverrez après sitôt qu'il sera jour,
Et vous lui donnerez l'espoir d'un prompt retour,
Où mille empêchemens que vous ferez vous-même
Pourront de toutes parts aider au stratagème.
Quelque aveugle transport qu'il témoigne aujourd'hui,
Il n'attentera rien tant qu'il craindra pour lui,
Tant qu'il présumera son effort inutile.
Ici la délivrance en paroît trop facile ;
Et s'il l'obtient, seigneur, il faut fuir, vous et moi :
S'il le voit à sa tête, il en fera son roi ;
Vous le jugez vous-même.

PRUSIAS.

Ah ! j'avouerai, madame
Que le ciel a versé ce conseil dans votre ame.
Seigneur, se peut-il voir rien de mieux concerté ?

FLAMINIUS.

Il vous assure et vie, et gloire, et liberté ;
Et vous avez d'ailleurs Laodice en otage.
Mais qui perd temps ici perd tout son avantage.

PRUSIAS.

Il n'en faut donc plus perdre : allons-y de ce pas.

ARSINOÉ.

Ne prenez avec vous qu'Araspe et trois soldats :
Peut-être un plus grand nombre auroit quelque infidèl
J'irai chez Laodice, et m'assurerai d'elle.

SCÈNE VI.
ARSINOÉ, ATTALE, CLÉONE.

ARSINOÉ.

Attale, où courez-vous ?

ATTALE.

Je vais de mon côté
De ce peuple mutin amuser la fierté,
A votre stratagème en ajouter quelque autre.

ARSINOÉ.

Songez que ce n'est qu'un que mon sort et le vôtre ;
Que vos seuls intérêts me mettent en danger.

ATTALE.

Je vais périr, madame, ou vous en dégager.

ARSINOÉ.

Allez donc. J'aperçois la reine d'Arménie.

SCÈNE VII.
ARSINOÉ, LAODICE, CLÉONE.

ARSINOÉ.

La cause de nos maux doit-elle être impunie ?

LAODICE.

Non, madame ; et, pour peu qu'elle ait d'ambition,
Je vous réponds déjà de sa punition.

ARSINOÉ.

Vous qui savez son crime, ordonnez de sa peine.

LAODICE.

Un peu d'abaissement suffit pour une reine ;
C'est déjà trop de voir son dessein avorté.

ARSINOÉ.

Dites, pour châtiment de sa témérité,

Qu'il lui faudroit du front tirer le diadème.
LAODICE.
Parmi les généreux il n'en va pas de même ;
Ils savent oublier quand ils ont le dessus,
Et ne veulent que voir leurs ennemis confus.
ARSINOÉ.
Ainsi qui peut vous croire aisément se contente.
LAODICE.
Le ciel ne m'a pas fait l'ame plus violente.
ARSINOÉ.
Soulever des sujets contre leur souverain,
Leur mettre à tous le fer et la flamme en la main,
Jusque dans le palais pousser leur insolence,
Vous appelez cela fort peu de violence ?
LAODICE.
Nous nous entendons mal, madame, et je le voi ;
Ce que je dis pour vous vous l'expliquez pour moi.
Je suis hors de souci pour ce qui me regarde ;
Et je viens vous chercher pour vous prendre en ma garde
Pour ne hasarder pas en vous la majesté
Au manque de respect d'un grand peuple irrité.
Faites venir le roi, rappelez votre Attale,
Que je conserve en eux la dignité royale :
Ce peuple en sa fureur peut les connoître mal.
ARSINOÉ.
Peut-on voir un orgueil à votre orgueil égal !
Vous par qui seule ici tout ce désordre arrive,
Vous qui dans ce palais vous voyez ma captive,
Vous qui me répondrez au prix de votre sang
De tout ce qu'un tel crime attente sur mon rang,
Vous me parlez encore avec la même audace
Que si j'avois besoin de vous demander grâce !
LAODICE.
Vous obstiner, madame, à me parler ainsi

C'est ne vouloir pas voir que je commande ici,
Que quand il me plaira vous serez ma victime.
Et ne m'imputez point ce grand désordre à crime :
Votre peuple est coupable, et dans tous vos sujets
Ces cris séditieux sont autant de forfaits ;
Mais pour moi qui suis reine, et qui dans nos querelles
Pour triompher de vous vous ai fait ces rebelles,
Par le droit de la guerre il fut toujours permis
D'allumer la révolte entre ses ennemis :
M'enlever mon époux c'est vous faire la mienne.

ARSINOÉ.

Je le suis donc, madame ; et, quoi qu'il en avienne,
Si ce peuple une fois enfonce le palais
C'est fait de votre vie, et je vous le promets.

LAODICE.

Vous tiendrez mal parole, ou bientôt sur ma tombe
Tout le sang de vos rois servira d'hécatombe.
Mais avez-vous encor parmi votre maison
Quelque autre Métrobate ou quelque autre Zénon ?
N'appréhendez-vous point que tous vos domestiques
Ne soient déjà gagnés par mes sourdes pratiques ?
Et savez-vous quelqu'un si prêt à se trahir,
Si las de voir le jour que de vous obéir ?
Je ne veux point régner sur votre Bithynie :
Ouvrez-moi seulement les chemins d'Arménie ;
Et, pour voir tout d'un coup vos malheurs terminés,
Rendez-moi cet époux qu'en vain vous retenez.

ARSINOÉ.

Sur le chemin de Rome il vous faut l'aller prendre ;
Flaminius l'y mène, et pourra vous le rendre ;
Mais hâtez-vous, de grâce, et faites bien ramer,
Car déjà sa galère a pris le large en mer.

LAODICE.

Ah ! si je le croyois...

ARSINOÉ.

N'en doutez point, madame.

LAODICE.

Fuyez donc les fureurs qui saisissent mon ame :
Après le coup fatal de cette indignité
Je n'ai plus ni respect ni générosité.
Mais plutôt demeurez pour me servir d'otage
Jusqu'à ce que ma main de ses fers le dégage.
J'irai jusque dans Rome en briser les liens,
Avec tous vos sujets, avecque tous les miens ;
Aussi bien Annibal nommoit une folie
De présumer la vaincre ailleurs qu'en Italie.
Je veux qu'elle me voie au cœur de ses états
Soutenir ma fureur d'un million de bras,
Et sous mon désespoir rangeant sa tyrannie....

ARSINOÉ.

Vous voulez donc enfin régner en Bithynie ?
Et, dans cette fureur qui vous trouble aujourd'hui,
Le roi pourra souffrir que vous régniez pour lui ?

LAODICE.

J'y régnerai, madame, et sans lui faire injure.
Puisque le roi veut bien n'être roi qu'en peinture,
Que lui doit importer qui donne ici la loi,
Et qui règne pour lui des Romains ou de moi ?
Mais un second otage entre mes mains se jette.

SCÈNE VIII.

ARSINOÉ, LAODICE, ATTALE, CLÉONE.

ARSINOÉ.

Attale, avez-vous su comme ils ont fait retraite ?

ATTALE.

Ah ! madame !

ACTE V, SCÈNE VIII.

ARSINOÉ.

Parlez.

ATTALE.

Tous les dieux irrités
Dans les derniers malheurs nous ont précipités.
Le prince est échappé.

LAODICE.

Ne craignez plus, madame;
La générosité déjà rentre en mon ame.

ARSINOÉ.

Attale, prenez-vous plaisir à m'alarmer?

ATTALE.

Ne vous flattez point tant que de le présumer.
Le malheureux Araspe avec sa foible escorte
L'avoit déjà conduit à cette fausse porte;
L'ambassadeur de Rome étoit déjà passé
Quand dans le sein d'Araspe un poignard enfoncé
Le jette aux pieds du prince. Il s'écrie, et sa suite
De peur d'un pareil sort prend aussitôt la fuite.

ARSINOÉ.

Et qui dans cette porte a pu le poignarder?

ATTALE.

Dix ou douze soldats qui sembloient la garder;
Et ce prince...

ARSINOÉ.

Ah! mon fils! qu'il est partout de traîtres!
Qu'il est peu de sujets fidèles à leurs maîtres!
Mais de qui savez-vous un désastre si grand?

ATTALE.

Des compagnons d'Araspe, et d'Araspe mourant.
Mais écoutez encor ce qui me désespère.
J'ai couru me ranger auprès du roi mon père;
Il n'en étoit plus temps: ce monarque étonné
A ses frayeurs déjà s'étoit abandonné,

Avoit pris un esquif pour tâcher de rejoindre
Ce Romain dont l'effroi peut-être n'est pas moindre.

SCÈNE IX.

PRUSIAS, FLAMINIUS, ARSINOÉ, LAODICE, ATTALE, CLÉONE.

PRUSIAS.

Non, non, nous revenons l'un et l'autre en ces lieux
Défendre votre gloire, ou mourir à vos yeux.

ARSINOÉ.

Mourons, mourons, seigneur, et dérobons nos vies
A l'absolu pouvoir des fureurs ennemies ;
N'attendons pas leur ordre, et montrons-nous jaloux
De l'honneur qu'ils auroient à disposer de nous.

LAODICE.

Ce désespoir, madame, offense un si grand homme
Plus que vous n'avez fait en l'envoyant à Rome.
Vous devez le connoître, et puisqu'il a, ma foi
Vous devez présumer qu'il est digne de moi :
Je le désavouerois s'il n'étoit magnanime,
S'il manquoit à remplir l'effort de mon estime,
S'il ne faisoit paroître un cœur toujours égal.
Mais le voici, voyez si je le connois mal.

SCÈNE X.

PRUSIAS, NICOMÈDE, ARSINOÉ, LAODICE, FLAMINIUS, ATTALE, CLÉONE.

NICOMÈDE.

Tout est calme, seigneur ; un moment de ma vue
A soudain apaisé la populace émue.

ACTE V, SCÈNE X.

PRUSIAS.

Quoi ! me viens-tu braver jusque dans mon palais,
Rebelle ?

NICOMÈDE.

C'est un nom que je n'aurai jamais.
Je ne viens point ici montrer à votre haine
Un captif insolent d'avoir brisé sa chaîne ;
Je viens en bon sujet vous rendre le repos
Que d'autres intérêts troubloient mal à propos.
Non que je veuille à Rome imputer quelque crime :
Du grand art de régner elle suit la maxime,
Et son ambassadeur ne fait que son devoir
Quand il veut entre nous partager le pouvoir.
Mais ne permettez pas qu'elle vous y contraigne ;
Rendez-moi votre amour, afin qu'elle vous craigne :
Pardonnez à ce peuple un peu trop de chaleur
Qu'à sa compassion a donné mon malheur ;
Pardonnez un forfait qu'il a cru nécessaire,
Et qui ne produira qu'un effet salutaire.
Faites-lui grâce aussi, madame, et permettez
Que jusques au tombeau j'adore vos bontés.
Je sais par quel motif vous m'êtes si contraire :
Votre amour maternel veut voir régner mon frère ;
Et je contribuerai moi-même à ce dessein,
Si vous pouvez souffrir qu'il soit roi de ma main.
Oui, l'Asie à mon bras offre encor des conquêtes,
Et pour l'en couronner mes mains sont toutes prêtes :
Commandez seulement, choisissez en quels lieux ;
Et j'en apporterai la couronne à vos yeux.

ARSINOÉ.

Seigneur, faut-il si loin pousser votre victoire,
Et qu'ayant en vos mains et mes jours et ma gloire
La haute ambition d'un si puissant vainqueur
Veuille encor triompher jusque dedans mon cœur ?

Contre tant de vertu je ne puis le défendre ;
Il est impatient lui-même de se rendre.
Joignez cette conquête à trois sceptres conquis,
Et je croirai gagner en vous un second fils.

PRUSIAS.

Je me rends donc aussi, madame ; et je veux croir
Qu'avoir un fils si grand est ma plus grande gloire
Mais parmi les douceurs qu'enfin nous recevons
Faites-nous savoir, prince, à qui nous vous devons.

NICOMÈDE.

L'auteur d'un si grand coup m'a caché son visage ;
Mais il m'a demandé mon diamant pour gage,
Et me le doit ici rapporter dès demain.

ATTALE.

Le voulez-vous, seigneur, reprendre de ma main?

NICOMÈDE.

Ah ! laissez-moi toujours à cette digne marque
Reconnoître en mon sang un vrai sang de monarqu
Ce n'est plus des Romains l'esclave ambitieux,
C'est le libérateur d'un sang si précieux.
Mon frère, avec mes fers vous en brisez bien d'autres
Ceux du roi, de la reine, et les siens et les vôtres.
Mais pourquoi vous cacher en sauvant tout l'état?

ATTALE.

Pour voir votre vertu dans son plus haut éclat ;
Pour la voir seule agir contre notre injustice,
Sans la préoccuper par ce foible service,
Et me venger enfin ou sur vous ou sur moi
Si j'eusse mal jugé de tout ce que je voi.
Mais, madame...

ARSINOÉ.

Il suffit, voilà le stratagème
Que vous m'aviez promis pour moi contre moi-même

ACTE V, SCÈNE X.

(À Nicomède.)

Et j'ai l'esprit, seigneur, d'autant plus satisfait
Que mon sang rompt le cours du mal que j'avois fait.

NICOMÈDE à Flaminius.

Seigneur, à découvert toute ame généreuse
D'avoir votre amitié doit se tenir heureuse ;
Mais nous n'en voulons plus avec ces dures lois
Qu'elle jette toujours sur la tête des rois :
Nous vous la demandons hors de la servitude,
Ou le nom d'ennemi nous semblera moins rude.

FLAMINIUS à Nicomède.

C'est de quoi le sénat pourra délibérer :
Mais cependant pour lui j'ose vous assurer,
Prince, qu'à ce défaut vous aurez son estime,
Telle que doit l'attendre un cœur si magnanime ;
Et qu'il croira se faire un illustre ennemi
S'il ne vous reçoit pas pour généreux ami.

PRUSIAS.

Nous autres, réunis sous de meilleurs auspices,
Préparons à demain de justes sacrifices ;
Et demandons aux dieux, nos dignes souverains,
Pour comble de bonheur l'amitié des Romains.

FIN.

TABLE.

TOME PREMIER.

Le Cid. 7
Horace. 85
Cinna. 153

TOME II.

Polyeucte. 7
Le Menteur. 85

TOME III.

Pompée 7
Rodogune 77
Héraclius. 151

TOME IV.

Don Sanche. 7
Sertorius. 81
Nicomède. 155

JOLIES ÉDITIONS DE BONS OUVRAGES
à SEPT SOUS le vol.

Chefs-d'œuvre de Pierre et Thomas Corneille, 5 vol.—Œuvres de Racine, 4.—Boileau, 2.—Molière, 8.—Fables de Lafontaine, 2.—Bossuet. Hist. univ., 1, Oraisons funèbres, 1.—Oraisons de Fléchier, Bourdaloue, etc., 2.—Petit Carême de Massillon, 1.—Fénélon. Télémaque, 2, Dialogue des morts, 2.—Montesquieu. Grandeur des Romains, 1, Lettres persannes, 2.—Catéchisme historique de Fleury, 1.—Caractères de Labruyères, 3.—Provinciales de Pascal, 2.—Maximes de Larochefoucauld, 1.—Lettres choisies de Mme de Sévigne, 2.—Les Mondes de Fontenelle, 1.—Vertot, Révolutions romaines, 4, de Suède, 2, de Portugal, 1.—Saint-Réal, Conjuration de Venise, 1.—J.-B. Rousseau, 2.—Regnard, 2.—L. Racine, 1.—Essais de Montaigne, 8.—Voltaire, Henriade, 1, Théâtre, 4, Siècle de Louis XIV, 6, Charles XII, 2, Hist. de Russie, 2, Essai sur les Mœurs, 6, Poèmes, Epîtres, Contes, 2, Romans, 4.—Rousseau, Emile, 4.—Le Sage, Gil-Blas, 5, Diable boiteux, 2, Œuvres choisies, 2.—Crébillon, 5.—Marmontel, Bélisaire, 1, Incas, 2.—Fables de Florian, 1.—Bernardin-de Saint-Pierre, Paul et Virginie, 1.—Délille, Géorgiques, 1.—Chénier, 1.—Barthélemy, Anacharsis, 8.—Mme de Graffigny, Lettres d'une Péruvienne, 1.—Sterne, Voyage sentimental, 1.—Foe, Robinson, 2.—Swift, Gulliver, 2.

www.ingramcontent.com/pod-product-compliance
Lightning Source LLC
Chambersburg PA
CBHW071950160426
43198CB00011B/1617